UNE FAMILLE D'ARTILLEURS

MÉMOIRES

DE

LOUIS-AUGUSTE

LE PELLETIER

SEIGNEUR DE GLATIGNY

LIEUTENANT GÉNÉRAL DES ARMÉES DU ROI

1696-1769

Avec 5 portraits et un fac-similé d'ancienne gravure

PARIS

LIBRAIRIE HACHETTE ET Cie

79, BOULEVARD SAINT-GERMAIN 79,

—

1896

MÉMOIRES

DE

LOUIS-AUGUSTE

LE PELLETIER

COULOMMIERS

Imprimerie PAUL BRODARD.

LOUIS AUGUSTE LE PELLETIER

SEIGNEUR DE GLATIGNY

Lieutenant général des Armées du Roi.

1696-1769

MÉMOIRES

DE

LOUIS-AUGUSTE

LE PELLETIER

SEIGNEUR DE GLATIGNY

LIEUTENANT GÉNÉRAL DES ARMÉES DU ROI

1696-1769

Avec 5 portraits et un fac-similé d'ancienne gravure

PARIS

LIBRAIRIE HACHETTE ET Cie

79, BOULEVARD SAINT-GERMAIN 79,

1896

PRÉFACE

Les *Mémoires* de Louis-Auguste Le Pelletier, chevalier, seigneur de Glatigny et de Liancourt, lieutenant général des armées du roi, ont un double caractère : c'est un récit détaillé de ses campagnes, un résumé de celles de son frère, de son père et de son aïeul, c'est en même temps un livre de raison où il relate les événements de famille et adresse à ses fils, dont il veut faire de bons officiers comme lui, des conseils inspirés par son expérience et par sa sollicitude paternelle.

L'auteur et ses proches ont pris une part active à toutes les grandes guerres des xviie et xviiie siècles. Son grand-père, Michel Le Pelletier, garde général de l'artillerie, sous Louis XIII et Louis XIV, s'est trouvé à soixante-quinze sièges et à dix batailles. Son père, Laurent-Michel Le Pelletier, lieutenant général d'artillerie sous Louis XIV, et l'un des premiers chevaliers de Saint-Louis, a commandé en chef en plusieurs occasions, il a laissé deux fils qui furent lieutenants généraux des armées du roi.

Le puîné, Michel-Laurent, seigneur d'Argers et de Woillemont, se distingua aux sièges de Kehl, Philipsbourg, Fribourg, à la prise de Prague et à la célèbre retraite qui a suivi, et reçut le Cordon rouge, après avoir commandé en chef l'artillerie pendant la guerre de Sept Ans et avoir contribué à la victoire de Bergen.

L'aîné, Louis-Auguste, l'auteur des *Mémoires*, né en 1696 et officier dès l'âge de neuf ans, a commandé les écoles d'artillerie de Grenoble et de la Fère, il a pris part aux campagnes d'Italie en 1733 et de Corse en 1739, à la guerre de la succession d'Autriche et à la guerre de Sept Ans.

Ses récits [1] embrassent une période d'environ cent trente ans (1635-1769); ils mettent en lumière les mérites du Corps royal d'artillerie, dont la composition et l'esprit étaient excellents, dont l'importance allait croissant chaque jour, et qui avait acquis sur l'artillerie de toutes les puissances de l'Europe une supériorité qui fut pour beaucoup dans les victoires de la République et de l'Empire.

I

Pendant cette période de cent trente ans qui commence sous le règne de Louis XIII et s'étend presque jusqu'à

---

1. M. le baron Le Pelletier possède le manuscrit des *Mémoires* de son trisaïeul. Il conserve en outre un nombre considérable de lettres, brevets, commissions, certificats et ordres de service signés de Turenne, Condé, Villars, Maillebois, Belle-Isle et d'autres généraux célèbres, des Grands Maîtres de l'artillerie et des ministres de la guerre, notamment de Louvois. Une série de portraits curieux au point de vue du costume militaire vient encore ajouter à l'intérêt que présentent ces riches archives.

celui de Louis XVI, l'organisation de l'artillerie subit de nombreux changements.

On les indiquera brièvement pour éviter au lecteur la peine de se reporter aux anciennes ordonnances et aux ouvrages historiques spéciaux.

L'artillerie était à l'origine complètement indépendante de l'armée. C'est au xvi⁰ siècle qu'elle avait commencé à être constituée régulièrement par des mesures d'ensemble; des déclarations et édits de François I⁰ⁱ des 10 février 1536, 15 septembre 1538 et 19 février 1546 règlent les fonctions et définissent les privilèges des officiers d'artillerie. Le personnel du corps se composait du Grand Maître et de son lieutenant général, du contrôleur représentant l'administration, du garde général, chargé de la conservation et de l'entretien du matériel. Il avait sous ses ordres onze gardes ou commis, c'est-à-dire un pour chacune des provinces d'artillerie ¹. Vingt-quatre commissaires ordinaires remplissaient les fonctions dévolues actuellement aux officiers supérieurs ou aux capitaines, et les canonniers ordinaires étaient chefs de pièces et pointeurs. En temps de guerre, des commissaires et canonniers extraordinaires venaient augmenter les cadres.

L'organisation était restée la même sous Louis XIII et au commencement du règne de Louis XIV. Un équipage de siège et de campagne de trente bouches à feu, correspondant à une armée de trente mille hommes, était alors commandé par un lieutenant du Grand Maître et quatre

---

1. C'étaient l'Ile-de-France, la Picardie, la Champagne, la Bourgogne, le Dauphiné, le Piémont, la Provence, le Languedoc, la Guyenne, la Bretagne et la Normandie.

commissaires ordinaires, ayant sous leurs ordres environ cent canonniers. Il n'y avait pas de troupes d'artillerie, mais quinze cents pionniers, recrutés en grande partie parmi les soldats de divers régiments, étaient employés moyennant salaire comme travailleurs ou servants.

Le capitaine de charroi dirigeait un nombreux personnel chargé du transport des pièces et des munitions.

La garde de l'artillerie en campagne était habituellement confiée aux bandes d'infanterie suisse.

Le Grand Maître avait d'importants privilèges et jouissait d'une autorité presque absolue sur le corps dont il était le chef. Il nommait à la plupart des charges et disposait de tous les emplois.

Charles de la Porte, duc de la Meilleraye, devint Grand Maître en 1634 et ce fut de lui que Michel Le Pelletier reçut son brevet de commissaire ordinaire.

A cette époque où les grades les plus élevés de l'armée semblaient presque exclusivement réservés à la noblesse de cour, les charges de l'Artillerie étaient recherchées par les gentilshommes de province, la haute bourgeoisie parisienne, et certains membres de familles parlementaires qui voulaient prendre le parti des armes.

Les officiers d'artillerie, souvent alliés entre eux, formaient un monde à part; probes, instruits pour l'époque, remarquables par la dignité de leur vie et l'austérité de leurs mœurs, ayant un sentiment élevé de leurs devoirs, mais très jaloux de leurs prérogatives, ils présentaient plus d'un point de ressemblance avec les familles de Parlement. Tout en payant bravement de leur personne dans les sièges et les batailles, ils affectaient des allures peu militaires; c'est ainsi que Michel Le Pelletier, qui a porté l'épée et la cuirasse pendant cinquante-quatre ans, s'est fait peindre revêtu d'un manteau de velours noir, qui lui donne l'aspect d'un magistrat plutôt que d'un homme de guerre [1].

Celui qui s'était distingué dans l'artillerie avait de grandes facilités pour y avancer ses enfants; aussi voit-on souvent les membres d'une même famille y servir de père en fils. Mais personne n'a montré cet esprit de suite et ce respect des traditions à un plus haut degré que les Le Pelletier, et c'est ce qui donne aux *Mémoires* que nous publions un véritable intérêt. L'auteur a été élevé dans ce monde spécial; il en a pris toutes les idées, il est en état d'en bien décrire les mœurs, d'expliquer les changements considérables qu'il a vu apporter, vers la fin du règne de Louis XIV, à un corps dont il ne prononce le nom qu'avec importance et respect.

Sous Louis XIV, l'organisation de l'artillerie ne répondait plus aux besoins, car la guerre de siège venait d'être transformée par Vauban, et sur les champs de bataille, depuis les essais tentés par Gustave-Adolphe, les mouvements de troupes commençaient à être appuyés par des pièces légères.

Dans ces circonstances, on jugea nécessaire d'incorporer l'artillerie à l'armée royale et de donner au service une forme plus militaire.

Le roi chercha d'abord à assurer son autorité par le choix du Grand Maître. Armand-Charles de la Meilleraye, duc de Mazarin, qui avait succédé à son père en 1648, dut se démettre en 1671, en faveur du duc du Lude, premier gen-

1. Portrait placé au Musée historique de Versailles, salle 165, n° 4348.

tilhomme de la chambre. Celui-ci eut pour successeur, en 1685, un maréchal de France, le duc d'Humières, et enfin le 10 septembre 1694, la charge fut conférée au duc du Maine, le fils de prédilection de Louis XIV, c'est-à-dire que le roi était désormais le véritable Grand Maître.

Louis XIV voulait créer un corps modèle se suffisant à lui-même et assurant à la fois le service et la garde des batteries ; il n'y arriva, tant était grande la force de la routine, que progressivement et par des moyens détournés.

Une ordonnance du 4 février 1671 avait créé, sous le nom de Fusiliers du Roi, un régiment d'infanterie qui eut d'abord pour destination unique la garde de l'artillerie. Deux ordonnances des 15 avril 1693 et 25 novembre 1693 en opérèrent la fusion avec douze compagnies de canonniers de nouvelle création, pour faire comme elles le service des pièces et des batteries. Telle fut l'origine du régiment de Royal-Artillerie. Une autre ordonnance de 1684 avait créé le régiment de Royal-Bombardiers, affecté au service des mortiers et grosses pièces de siège.

L'ancien Corps d'artillerie subsistait et constituait l'État-major, mais pour mettre fin aux contestations qui s'élevaient souvent entre ses officiers et ceux des régiments auxiliaires de nouvelle formation, une ordonnance du 13 décembre 1686 régla le rang qu'ils devaient avoir entre eux. Les officiers de troupes devaient obéir au commandant de l'artillerie à l'armée, quelle que fût sa charge ; les commissaires provinciaux avaient rang de lieutenants-colonels ; les commissaires ordinaires, de capitaines ; les commissaires extraordinaires, de lieutenants.

Une des conséquences de cette assimilation fut que les

lieutenants du Grand Maître qui commandaient l'artillerie aux armées devinrent souvent officiers généraux. Avant 1650, on n'en comptait que cinq qui eussent obtenu des brevets de maréchaux de camp; c'était [1] Montmartin, le marquis de la Barre, Du Bourdet, le comte d'Oradour et le comte de Cossé-Brissac. Mais depuis cette date la liste en est plus longue, et jusqu'en 1789 on compte vingt et un artilleurs parmi les lieutenants généraux des armées et soixante au nombre des maréchaux de camp.

Les mesures qui viennent d'être analysées avaient uniquement pour objet le bien du service, mais après la mort de Louvois, fut rendu, au mois d'août 1702, un édit qui contient des dispositions d'un caractère très différent.

Il supprime tous les anciens offices créés depuis le commencement du XVIe siècle et en institue de nouveaux. Ce qu'on a appelé depuis l'État-major particulier de l'artillerie se compose du Grand Maître, d'un premier lieutenant général ayant pour département l'Alsace, de sept lieutenants généraux placés à la tête d'autant de départements [2]. Il y a vingt-cinq charges de lieutenants provinciaux (colonels), trente commissaires provinciaux (lieutenants-colonels) et cent cinquante commissaires ordinaires (capitaines).

Ce qui était sujet à critique dans l'édit, c'est que toutes

1. *De Montmartin* (Isaïc de Mur), lieutenant d'artillerie en Touraine en 1590, maréchal de camp le 1er octobre 1591; *Mⁱˢ de la Barre* (Henri de Chivré), lieutenant d'artillerie sous Henri IV, maréchal de camp le 15 avril 1638, tué devant Saint-Omer; *Du Bourdet* (Pierre), maréchal de camp le 27 mars 1649; *Comte d'Oradour* (Georges de Bermondet), maréchal de camp le 29 avril 1649; *Comte de Cossé-Brissac* (Timoléon), maréchal de camp le 6 septembre 1650.

2. C'étaient les départements de l'Ile-de-France, de Meuse et Moselle et de la Sarre, des Flandres, des côtes septentrionales, des côtes occidentales, de Roussillon et Languedoc, et de Dauphiné, Lyonnais et Provence.

les charges étaient constituées en offices héréditaires et qu'elles étaient vénales. L'auteur des *Mémoires* fait ressortir les inconvénients de ces mesures, dont son père eut cruellement à souffrir. Celui-ci était alors lieutenant d'artillerie au département de la Meuse et de la Moselle ; il avait servi pendant trente-quatre ans et avait commandé en chef l'artillerie, au siège de Rhinfeld, à la bataille de Spire et à la bataille de Friedlingen, à la suite de laquelle il avait enlevé en vingt-quatre heures le fort de l'Étoile. En exécution de l'édit de 1703, il fut mis en demeure de financer de la somme de 60 000 livres, afin de conserver le département de Meuse et Moselle qu'il avait conquis par ses services, et comme il avait hésité assez longtemps avant de se soumettre à cette dure nécessité, on donna à un autre ce département, qui était le premier après celui d'Alsace, pour assurer un commandement aux armées.

Le Grand Maître sentit si bien l'injustice de ce procédé qu'il fit créer, spécialement pour Le Pelletier, par l'édit de mai 1704, un huitième département général, celui de Bretagne ; mais cet incident n'en fait pas moins ressortir les dangers, au point de vue du service, d'une mesure inspirée par des considérations fiscales, et dont l'adoption fut assurée par les manœuvres des traitants, qui y trouvaient leur compte.

Si l'édit de 1703 souleva de vives critiques, il dut avoir aussi de chauds partisans dans le corps de l'Artillerie, parce qu'il consacrait l'hérédité des charges et tendait à faire des officiers de cette arme une caste privilégiée, comme ces familles de Parlement, dont ils se rapprochaient déjà par les traditions et le caractère. Mais la suite des *Mémoires* fait immédiatement ressortir les inconvénients de l'hérédité pour les charges militaires.

Laurent-Michel Le Pelletier meurt, et son fils aîné hérite de la charge de lieutenant général au département de Bretagne, mais il n'en peut avoir l'exercice, parce qu'il n'est âgé que de dix-sept ans; il est suppléé par un brigadier des armées, le chevalier de Jaucourt, avec qui il partage les dix mille livres qu'elle rapporte. En même temps, il est officier pointeur (sous-lieutenant), puis commissaire extraordinaire (lieutenant), et il doit avancer dans l'artillerie, jusqu'au moment où il aura atteint le grade de sa charge, qu'il aura, à cause de la possession de celle-ci, beaucoup plus tôt que tout autre officier.

Cette situation bizarre est brusquement simplifiée : le 1er avril 1716, les charges d'artillerie sont supprimées et remboursées en billets, qui par l'effet du système de Law sont totalement dépréciés. Louis-Auguste Le Pelletier perd donc à la fois son argent et ses chances d'avancement rapide. Après un moment de mauvaise humeur bien excusable, il prend bravement son parti, il gagne lentement et régulièrement tous ses grades, et on verra que pour y arriver il ne s'est point ménagé.

La suppression des charges fut suivie de grandes réformes. Malgré les ordonnances, la fusion n'était pas accomplie entre les différents éléments dont se composait l'artillerie, entre les officiers de troupes et ceux de l'État-major.

« Les officiers d'artillerie proprement dits, renfermés dans l'étude scientifique de la construction et de l'emploi du matériel, et encouragés dans cette voie par la prépondérance qu'avait prise la guerre de siège, avaient peu de tendance à s'initier au service des troupes. Les officiers de Royal-Artillerie, de leur côté, mécontents de la position secondaire qui leur était faite, intimidés peut-être par un sentiment exagéré de leur infériorité, étaient peu disposés à faire part à leurs camarades du fruit de leur expérience militaire [1]. »

Une ordonnance du 5 février 1720 eut pour but d'opérer la fusion de ces deux éléments.

Cinq écoles d'artillerie furent organisées la même année [2] à la Fère, Metz, Strasbourg, Grenoble et Perpignan. Des volontaires y étaient admis et pouvaient, après examen, en sortir officiers pointeurs.

L'édit du 22 mai 1722 confirma une fois de plus l'assimilation des grades de l'ancien corps d'artillerie avec ceux des bataillons de Royal-Artillerie.

En même temps le même uniforme fut imposé à tous : habit bleu, parements, veste et culotte rouges, couleurs qui sont restées depuis celles de l'artillerie française. Le régiment de Royal-Artillerie avait auparavant l'habit blanc à revers bleus. Quant à l'ancien corps, depuis longtemps il ne portait plus son uniforme écarlate avec parements de velours noir et brandebourgs se terminant en trèfles, « car il coûtoit trop [3], et étoit mal conçu pour un métier où on est toujours dans la fumée de la poudre ».

Les réformes de 1720 produisirent dans l'Artillerie une

1. Général Susane, *Histoire de l'artillerie.*
2. Instructions des 5 février, 23 juin et 29 octobre 1720.
3. *Mémoires,* chap. IV.

agitation extraordinaire. Ce n'est pas le passage le moins
intéressant des *Mémoires* que celui où Le Pelletier trace un
tableau de l'école de la Fère à son ouverture. A côté
d'hommes jeunes comme lui et ses deux frères on voyait,
sur les bancs, des officiers qui avaient déjà fait la guerre et
étaient chevaliers de Saint-Louis; quelques-uns portaient
déjà des lunettes et leur mémoire était déjà sans doute
quelque peu rebelle. Tous se mettaient à l'étude avec plus
d'ardeur et de docilité que les écoliers des collèges. « Les
portes [1], les contrevents, les assiettes d'étain des auberges
étoient jonchez de figures de mathématiques, car si tost
qu'un officier avoit saisi la proposition qui avoit quelquefois esté superficiellement démontrée le matin à la salle,
si tost les camarades couroient comme au feu autour de
luy », et il la démontrait où il se trouvait, avec de la craie
ou avec la pointe d'un couteau.

L'ordonnance du 8 décembre 1755 acheva d'unifier et de
militariser l'Artillerie. Elle porte suppression de la charge
de Grand Maître, dont le dernier titulaire fut le comte d'Eu,
fils du duc du Maine. Les dénominations de commissaires
provinciaux, ordinaires et extraordinaires disparurent en
même temps; il n'y eut plus que des colonels, lieutenants-
colonels, capitaines et lieutenants.

Cette ordonnance est vivement critiquée par Le Pelletier, qui ne pouvait voir sans chagrin disparaître l'ancien
corps auquel le rattachaient de si respectables traditions.
Il estime qu'elle a dépassé le but, chaque officier pouvant
désormais être indifféremment employé, sans tenir compte

---

1. *Mémoires*, chap. IV.

de son instruction ni de son origine, au service de l'artillerie, de l'infanterie ou du génie.

Enfin l'ordonnance du 13 août 1765, inspirée par Gribeauval, réorganisa l'artillerie et la divisa en sept régiments de vingt compagnies. Ils formaient un effectif total de 8 500 hommes et portaient les noms des villes où ils étaient en garnison en 1765 : la Fère, Metz, Strasbourg, Grenoble, Besançon, Auxonne et Toul.

Par l'effet des ordonnances de 1720, 1755 et 1765, l'incorporation de l'artillerie à l'armée était devenue complète, mais il n'en subsista pas moins, entre les officiers de cette arme et ceux d'infanterie et de cavalerie, des différences que les *Mémoires* mettent bien en lumière.

L'officier d'artillerie n'est pas astreint à faire ses preuves de noblesse comme celui d'infanterie, cavalerie de ligne, ou dragons, mais il a dû, sauf de rares exceptions, entrer comme surnuméraire dans l'une des écoles et satisfaire aux examens de sortie. Il en résulte que le corps royal est ce qu'il y a de plus instruit dans l'armée, et qu'à côté de gentilshommes de vieille noblesse, on y trouve un certain nombre de représentants d'honorables familles bourgeoises, et même l'homme sorti du peuple a plus de chance que dans toute autre arme d'y faire son chemin; tel M. Guille, qui fut soldat dans une compagnie d'ouvriers et devint brigadier des armées.

Un autre avantage était le privilège exclusif de l'artillerie, l'avancement y était à l'ancienneté [1], sauf certains tours de

1. Tout au moins pour les officiers sortis des écoles, c'est-à-dire pour

choix justifiés par des actions d'éclat et des services excep-
tionnels. Et afin que les chances fussent égales pour tous,
quand tout le personnel n'était pas employé, chacun faisait
campagne à son tour, et à la guerre, les officiers étaient
commandés suivant leur rang à marcher. On peut juger de
la puissance de ces usages, à l'énergie des protestations
qui s'élèvent quand par hasard ils sont violés, et dont on
trouve dans les *Mémoires* un fidèle écho.

Il en résulte que tandis que dans l'infanterie et la cavalerie il fallait être, comme on disait alors, un des Grands
de la Cour, pour devenir officier général, tout officier pointeur pouvait se bercer de l'espoir d'être un jour, à condition de montrer un réel mérite, maréchal de camp ou lieutenant général.

Certes les promotions n'étaient pas fréquentes, et des
périodes de quinze années se passent sans la nomination
d'un seul lieutenant général; mais les compensations
venaient quand une guerre ramenait l'attention sur l'artillerie; en 1744 et 1748 notamment, les éclatants services
qu'elle venait de rendre furent largement récompensés.

Toutes ces causes contribuaient à former un corps d'officiers d'une valeur exceptionnelle, possédant, dès le xviie et
le xviiie siècle, les hautes qualités morales qui depuis se
sont perpétuées sans interruption dans la même arme : l'in-
tégrité, le savoir joint à la modestie, le culte du devoir et
de la discipline aussi bien que de l'honneur. Les officiers
de l'ancien corps d'artillerie ont eu pour successeurs
immédiats les Sénarmont, les Eblé, les Lariboissière, les

___

la grande majorité. D'après l'organisation de 1776, les officiers sortis
des rangs restaient lieutenants en second.

Drouot, qui, formés par leurs leçons ou leurs exemples, ont à leur tour transmis aux artilleurs d'aujourd'hui ces nobles traditions.

Ici le présent se relie donc bien réellement au passé, par une chaîne dont aucun anneau n'est rompu.

II

Les *Mémoires* de Le Pelletier ne contiennent pas seulement des détails sur l'organisation du corps d'artillerie, son esprit et ses usages, on y trouve aussi de nombreux récits de sièges et de batailles. L'auteur raconte bien les faits dont il a été témoin ; dans une action militaire, il sait relever le détail pittoresque, l'anecdote qui en fixe la physionomie ; son style un peu lourd et solennel est intéressant jusque dans ses incorrections.

Est-il besoin de dire qu'il parle savamment des choses de l'artillerie? Il sait de son métier tout ce qu'on pouvait en apprendre alors, et connaissant les ressources de son arme, il ne cesse de demander qu'on s'en serve, non seulement dans les sièges où on est habile à l'employer, mais dans les batailles, où les généraux en chef négligent souvent l'aide puissante qu'ils pourraient en tirer.

Sauf en ce qui a trait à l'artillerie, Le Pelletier ne se mêle guère de discourir sur la stratégie ; cependant les manœuvres dont il est témoin lui inspirent parfois des réflexions dont il est impossible, même à ceux qui ne sont pas du métier, de ne point sentir la justesse : celles par exemple qu'il fait au sujet de la belle charge de cavalerie qui assura la victoire de Guastella, où nos escadrons gris ou de cavalerie légère, bien espacés de façon à évoluer librement et chargeant à l'arme blanche, culbutèrent les cuirassiers de l'Empereur, deux fois plus nombreux, mais trop pressés et faisant usage des armes à feu. Sans doute, comme dans bien d'autres Mémoires, tout ici n'est pas également intéressant, mais il est impossible de ne pas reconnaître que les récits des sièges de Pizzighettone, la Quenocque, Fribourg, de la surprise de la Sesia, de la mobilisation de l'artillerie au commencement de la campagne de 1744, présentent des tableaux pleins de vie et de couleur. Le siège de Furnes offre un bel exemple d'abnégation et d'attachement au devoir.

Dans un décor tout militaire, au milieu de la fumée du canon, dans l'animation du parc encombré de chevaux et d'affûts, au fond des tranchées où pleuvent les boulets, on voit passer tous les officiers d'artillerie qui sous Louis XIV et Louis XV ont eu quelque notoriété.

C'est parmi les lieutenants généraux : Du Metz, Saint-Hilaire, le marquis de la Frezelière, le marquis de Saint-Perier, Vallière père et fils, qui eurent une si grande action sur leur arme. C'est encore **MM.** de Malézieu, de la Roche-Aymon, d'Aboville, Bailly, le marquis de Sabrevois, le chevalier de Fontenay, le marquis de Rostaing, d'Invilliers, de Mouy et de Saint-Auban. Gribeauval, qui servit longtemps à l'étranger et qui n'est devenu célèbre que lorsque la carrière de l'auteur des *Mémoires* était entièrement finie, n'est cité qu'une fois en passant.

Parmi les maréchaux de camp on trouve Du Bourdet, d'Oradour, Cossé-Brissac, Du Brocard, tué à Fontenoy, le comte de Borstel, le marquis de Thiboutot.

Au nombre des brigadiers et autres officiers d'artillerie, Jaucourt, Gaudechart, Guille, Clugny, Montlaur, et dans d'autres armes, Contades, Cormontaigne, le marquis de Chabannes, d'Avaray, Fénelon, Rochambeau, Seroux, Fourcroy et bien d'autres encore.

Parfois, le portrait d'un homme de guerre célèbre est esquissé d'un trait rapide.

On voit le maréchal de Villars encore jeune et plein d'ardeur à Friedlingen en 1702, on le retrouve dans la campagne d'Italie de 1733, toujours fanfaron et hautain, mais vieilli et incapable de supporter les fatigues de la guerre. Le maréchal de Maillebois est peint avec sa brusquerie de soldat, le maréchal de Noailles enclin à la prévention, mais d'une conscience scrupuleuse et réparant noblement ses erreurs. Le comte de Clermont est présenté sous un jour plus favorable qu'on ne pourrait s'y attendre et vaut peut-être mieux que la réputation que les chansons lui ont faite: il semble tout au moins s'être montré meilleur général dans la guerre de siège, que lorsqu'il eut à commander des armées en rase campagne.

Deux maréchaux de Broglie font l'objet d'une mention spéciale : le premier, François-Marie, est surpris, en 1734, pendant la nuit à la Sesia, et il se met à la tête des troupes dans une tenue semblable à celle du maréchal Bugeaud qu'a célébrée une de ces chansons qui sont la consécration populaire de la gloire. Il s'échappa, disent les *Mémoires*, « sans perruque, ayant un petit bonnet blanc et un vieux chapeau par dessus, en pantoufles et sans collet, et cependant je ne l'ai jamais vu si grand que cette nuit-là pour faire marcher les troupes, pour être actif et se porter de tous côtés ».

L'autre Broglie, Victor-François, est celui qui, pendant la triste guerre de Sept Ans, jeta un peu de gloire sur nos armes, c'est le vainqueur de Bergen. Michel-Laurent Le Pelletier commandait en chef l'artillerie et la coterie de Soubise intriguait pour le faire remplacer par M. d'Invilliers. Mais le maréchal de Broglie, qui appréciait ses services, déclara « qu'il aimait bien ses dents, mais qu'il aimerait mieux qu'on lui en arrachât deux que de lui arracher le chevalier Le Pelletier ».

Il le conserva en effet jusqu'au moment où il fut lui-même disgracié (1762).

Les récits militaires occupent la plus large place dans les *Mémoires* du général Le Pelletier, mais on y trouve aussi des anecdotes, des réflexions, des traits de mœurs, renseignements précieux sur la vie aux xviiᵉ et xviiiᵉ siècles, dans un milieu assez peu connu.

Souvent des tableaux, qui ne manquent ni d'originalité ni de couleur, montrent combien étaient forts les liens qui unissaient alors les membres d'une même famille, quels soins les parents donnaient à l'éducation de leurs enfants et avec quelle simplicité ces derniers suivaient une voie toute tracée, sans que l'idée leur vînt d'en chercher une autre.

Bien que Le Pelletier se soit arrêté avec moins de complaisance aux peintures de mœurs qu'aux récits de guerre, et qu'il les ait seulement esquissées d'un trait rapide, elles

n'en présentent pas moins un vif intérêt, et contribuent
mieux que tout le reste à faire bien comprendre le caractère
de l'auteur.

On lui trouve des points de ressemblance avec les bons
militaires d'autres époques; mais son éducation, les événements de la vie journalière, l'opinion ayant cours dans le
milieu où il a vécu, ont influé sur son esprit et modifié
quelque peu les lignes de sa physionomie.

Tout d'abord on peut le donner pour le type de l'artilleur
modèle; il est probe, il est instruit, ayant appris dans les
écoles où il a passé de longues années comme élève, puis
en qualité de commandant, tout ce qu'on pouvait apprendre
alors. Il n'est pas seulement militaire, mais ingénieur et
administrateur, construisant des routes, des ouvrages de
fortification, assurant l'approvisionnement et la mobilisation. Il est brave, de la bravoure spéciale au canonnier, bien
définie par ce général d'artillerie à qui on demandait s'il
n'entendait pas siffler les boulets : « Je ne prends pas
garde à ceux qui viennent, je ne fais attention qu'à ceux
qui s'en vont ».

L'ancienne armée était pleine de ces bons serviteurs et
la nôtre en est encore pleine aujourd'hui; ces qualités ne
suffiraient donc pas à distinguer Le Pelletier d'une foule
d'autres militaires, si des circonstances de milieu et d'éducation n'avaient ajouté à son caractère quelques traits particuliers.

Il est gentilhomme et il le sait, mais sans en tirer autrement vanité. Si, dans une note annexée à ses *Mémoires*, il
rappelle que son père a été reçu chevalier de Saint-Lazare
de Jérusalem et de Notre-Dame du Mont-Carmel le 3 jan-

vier 1682[1] et confirmé dans sa noblesse lors des Recherches par lettres d'octobre 1703[2], et que lui-même a été maintenu par arrêts du Conseil des 1er août 1716 et 21 mars 1738[3], il le fait sans insister et simplement pour que ses enfants sachent qu'ils possèdent d'une façon incontestable le privilège de la naissance, qui assurait alors de si grands avantages.

Mais il est évident que le contact journalier avec les officiers du corps d'artillerie, dont un certain nombre n'étaient pas nobles, entre lesquels régnait cependant une égalité vraiment militaire, comme entre gens qui partagent les mêmes dangers et sont tous pleins de courage et de sentiments d'honneur, faisait que Le Pelletier, devançant quelque peu son temps, attachait moins de prix à ses parchemins qu'à ses services.

A d'autres points de vue, au contraire, il semble un personnage du xviie siècle attardé au xviiie ; il n'a rien d'un homme léger et ne raconte pas une seule aventure galante, il admet la hiérarchie et la discipline dans la société comme dans l'armée, enfin il est resté religieux et désire que ses fils le soient aussi, car il leur rappelle souvent les exemples de piété donnés par leurs parents, et il a inscrit comme épigraphe en tête de ses *Mémoires* cette maxime : *Timentibus Deum nihil deest*.

La raison en est sans doute que le monde où il a vécu est différent de celui des courtisans, des financiers et des philosophes qui, suivant l'opinion commune, personnifie exclusivement la France du xviiie siècle, mais en dehors duquel

1. Les preuves étaient de quatre degrés et furent portées à huit.
2 et 3. Trois pièces dans les archives du baron Le Pelletier.

existait une élite trop peu connue, pleine de réel mérite et
de solide vertu.

Rien n'a altéré dans notre auteur la forte empreinte de
l'éducation du siècle de **Louis XIV**, aussi est-il curieux
d'observer ses impressions pendant la campagne de 1739,
en Corse, où la nature et les hommes sont si différents de
l'idéal qu'il s'est formé. Il ne dit pas un mot des admirables
paysages de l'île, qui sans doute ne ressemblent pas assez à
son gré aux jardins de Versailles et aux allées de la forêt
de Compiègne; il ne fait qu'une description, celle d'une
tempête, parce qu'elle est classique et se trouve dans tous
les auteurs. Les noms du pays, il les estropie comme à
plaisir selon la coutume du grand siècle. Avec quel mépris
ne parle-t-il pas des mœurs des habitants!

S'il n'a pas le sens du pittoresque, il sait, du moins, bien
observer ce qui importe à un homme de guerre vigilant et
avisé, pour se garder contre un adversaire plein de ruse et
tirer parti, dans un pays de montagnes, d'un matériel insuf-
fisant et défectueux.

Mais il est évident que pour lui ce n'est pas la vraie
guerre, cette suite d'escarmouches avec un ennemi qui se
cache, n'a aucun respect de la foi jurée, assassine en traître,
de telle sorte qu'il faut souvent pendre les prisonniers pour
l'exemple.

Parmi ses campagnes, toutes ses préférences sont
acquises à celle de 1744 où furent enlevées les villes de
Menin, Furnes, Ypres et Fribourg. Rien ne lui paraît plus
beau que ces sièges conçus comme des actions théâtrales,
à la façon des tragédies de Corneille et de Racine, où tout
était ordonné pour le développement des cinq actes de

rigueur : reconnaissance et premières approches, ouverture solennelle de la tranchée, les trois parallèles, la brèche et l'assaut.

Le service y est pénible, on y court de grands dangers, mais la guerre s'y fait selon les règles, on peut s'y montrer héroïque tout en restant *honnête homme* ; enfin le péril est affronté sous l'œil des généraux en chef et des maréchaux, et, suprême encouragement, le roi vient parfois à la tranchée. — Ce jour-là, en son honneur, les canons font rage, et il arrive que le roi daigne adresser au commandant de l'artillerie un de ces mots qui semblaient alors d'un prix inestimable.

Le Pelletier a recueilli avec soin les paroles qu'il a entendues tomber de la bouche royale, de celle de Louis XIV vieilli et presque agonisant, qu'il vit dans son enfance, de celle de Louis XV, à qui il fut présenté à Versailles et qui visita sa tranchée aux sièges d'Ypres et de Fribourg.

Elles ne diffèrent pas de bien d'autres prononcées en pareille occasion, mais nous relevons la réponse faite à l'une d'elles, car elle n'est point banale : « Le roi me dit (c'est à Compiègne, en 1765) qu'il avoit fait une perte en feu mon frère. — Je lui répliquai que mes enfans, mes neveux et moi, étions encore, du même nom, cinq actuellement dans son artillerie et trois prêts d'y entrer dès qu'ils auroient l'âge. »

Cette réponse contenait un engagement qui fut largement tenu, la famille n'a cessé à chaque génération de fournir des militaires, parmi lesquels nombre d'artilleurs et

douze chevaliers de Saint-Louis, et elle est encore honora-
blement représentée dans l'armée [1].

1. M. Le Pelletier de Woillemont, capitaine au 77e régiment d'infanterie, a pour trisaïeul le frère de l'auteur des *Mémoires*, le lieutenant
général Michel-Laurent Le Pelletier, seigneur de Woillemont, qui a
commandé l'artillerie en second à Prague et en chef à Bergen.

MÉMOIRES

DE

LOUIS-AUGUSTE

LE PELLETIER

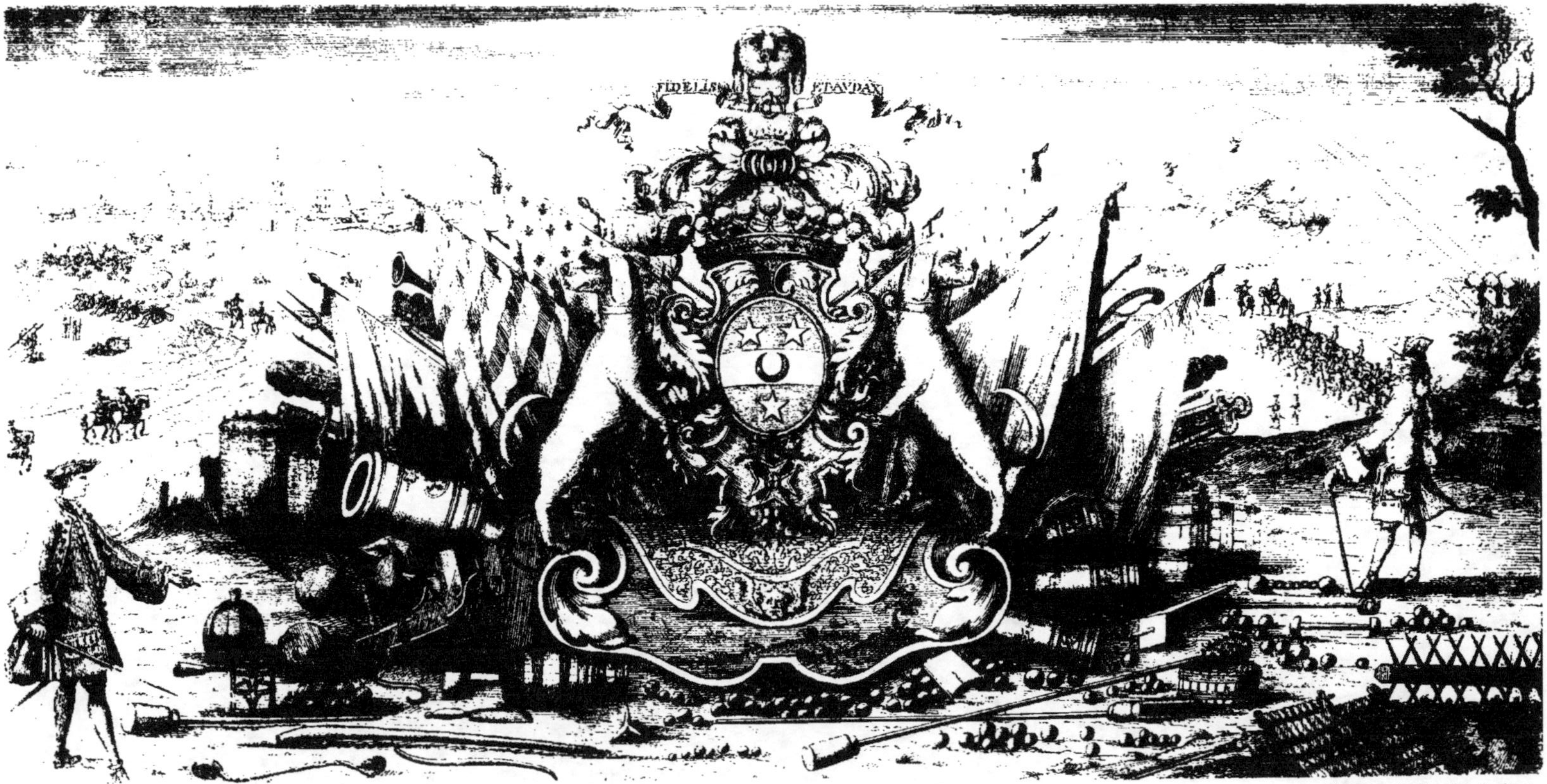

Phototypie Berthaud, Paris

ARMOIRIES DE LA FAMILLE LE PELLETIER

d'après une gravure faite pour l'auteur des Mémoires et appartenant

A M. LE BARON LE PELLETIER

MÉMOIRES

DE

LOUIS-AUGUSTE

LE PELLETIER

SEIGNEUR DE GLATIGNY

Timentibus Deum nihil deest.

Les raisons qui m'ont déterminé à escrire mes Mémoires, précédez des campagnes de mon grand-père et de mon père, peuvent engager ceux qui me suivront à les continuer, les voicy :

Si de tous tems les différentes nations ont été curieuses d'estre instruites de leur histoire, on a veû de mesme les familles particulières chercher à connoistre les événements arrivez à leurs ancêtres. Certains, comme les Romains, le fesoient par vanité; mais nous devons nous inspirer d'un motif plus convenable, c'est de nous rappeler en mémoire les bienfaits que le Seigneur nous a accordez. Plusieurs des avantures que j'ay rapportées, montrent que si les familles ne se soutiennent et ne durent que par une suite de grâces particulières, celles des gens de guerre qui viennent à se perpétuer de race en race, éprouvent plus souvent qu'aucune des

1

autres l'effet de cette protection. Il est vray aussy qu'il est
des vertus héréditaires dans les familles ainsy que des vices;
les premières font naître l'émulation de les imiter, et nous
sommes plus touchez des suites fâcheuses des seconds, quand
elles se sont produites pour des gens chers à nos mémoires.
Enfin il est juste de conserver des sentiments de reconnois-
sance envers ceux à qui nous devons la naissance, l'éducation
suivie de père en fils et de bons exemples.

Voilà les motifs qui m'ont engagé à escrire avec simplicité
et vérité tout ce qui est rapporté cy après.

I

MICHEL LE PELLETIER

GARDE GÉNÉRAL DE L'ARTILLERIE

(1614-1689)

Il sert en qualité de commissaire ordinaire, puis de garde général. —
La charge de garde général de l'artillerie. — Campagnes de Michel
Le Pelletier, de 1639 à 1679. — Il assiste à soixante-quinze sièges et à
onze batailles. — Son mariage. — Il se fixe à Saint-Sauveur en Valois.
— Anecdotes. — Les enfants de Michel Le Pelletier. — Sa mort en 1689.

Michel Le Pelletier [1], escuyer, seigneur d'Ouville, est né à
Chartres en 1614, il a commencé à servir dans l'artillerie en
1635 ; après avoir rempli l'employ de commissaire ordinaire,
il succéda, en 1662, comme garde général, à Jean-François
Bernard, chevalier, seigneur de Montebise.

Cette charge, qui étoit une des premières de l'artillerie
(comme on peut le voir par le Dictionnaire militaire et au
commencement des Mémoires d'artillerie de Saint-Remy [2]),
avoit été créée par un édit de François Ier du 19 février 1546,

1. Le portrait de Michel Le Pelletier, grand-père de l'auteur des
Mémoires, a été placé au Musée de Versailles, salle 165, n° 4 318. Jusqu'au milieu du XVIII° siècle le nom de la famille s'est écrit aussi très
souvent Pelletier. Il n'est pas rare de voir dans le même acte deux
frères signer l'un Pelletier et l'autre Le Pelletier.

2. Pierre Surirey de Saint-Remy, lieutenant du Grand Maître de l'artillerie. La 3° édition de son ouvrage a été publiée à Paris chez Jom-
bert, 1745-1749.

le titre en étoit de « garde général de l'artillerie, bastons et munitions de France tant de çà que de là les monts », parce que, lors de sa création, la France possédoit le Milanois et d'autres États en Italie. Le garde général étoit le seul officier chargé de toutes les munitions de guerre et canons et artillerie de France, tous les gardes d'artillerie et même celui de l'arsenal de Paris n'exerçoient leur charge que sur sa commission expédiée en parchemin [1]. Ne pouvant se trouver dans toutes les armées, il étoit obligé de commettre dans celles où il n'estoit pas, un officier qui y fesoit ses fonctions.

Michel Le Pelletier eut pour successeur Martial, comte d'Estrade, parent du maréchal de France de ce nom, la ditte charge fut après supprimée, MM. les Grands Maîtres aïant voulu jouir des prérogatifs qui y étoient attachés.

Pour rapporter la vie d'un homme de guerre, on ne peut mieux faire que de suivre le détail de ses campagnes. Michel Le Pelletier a laissé des siennes un mémoire escrit de sa main, et d'ailleurs, comme il étoit d'usage de son tems, de prendre du général d'armée ou du commandant du corps un certificat de service, qui étoit aussy un congé pour s'en retourner l'hyver chez soy et que nous avons entre les mains une grande partie de ces certificats, nous les suivrons par ordre ainsi que ledit mémoire [2].

Michel Le Pelletier est entré dans l'artillerie en 1635, ou même en 1633, comme il apparoist par la copie d'un placet à M. de Louvois ; l'on ne commence néanmoins à avoir des commissions ou certificats de ses campagnes qu'en 1639.

En cette année il a servy à la levée du siège de Vervins, au secours d'Hesdin, aux sièges d'Ivoy (Carignan) et, à la levée du siège de Mouzon, sous les ordres du maréchal de Chastillon.

En 1640, au siège d'Arras, par les armées des maréchaux de Chastillon et de la Meilleraye.

1. La famille possède encore plusieurs de ces commissions scellées du sceau de Michel Le Pelletier.
2. Voir aux Pièces justificatives.

1641. Bataille près Sedan, dite bataille de la Marfée, sièges de Neufchâteau en Lorraine, de Mercœur, d'Épinal, de Bar sur-Moselle, Remiremont, Dieuze, Jonvelle, du château de Chauviré près de Langres, de Salins, bataille donnée au duc de Lorraine sur la Coste de Disme.

1642. Bataille d'Honcourt, sous M. le comte de Guiche.

1643. Bataille de Rocroy, commandée par M. le duc d'Anguien, siège de Thionville.

1644. Bataille des Montagnes-Noires, sièges de Philipsbourg, Vuormes, Landau, Maïance et Spire.

1645. Bataille de Nordlingue, où il y eut dix-sept commissaires d'artillerie tués ou blessés et douze officiers subalternes. Le Pelletier y reçut un coup d'arquebuzade à la cuisse gauche et estans resté sur le champ de bataille, trois cens chevaux lui passèrent sur le corps.

1646. Sièges de Courtray, de Lannoy et de Dunkerque.

1647. Sièges de la Bassez et de Lins où fut tué M. de Gassion le 5 mai 1647.

1648. Sièges d'Ypres, du château d'Estrées, bataille de Lens.

1649. Guerre de Paris, armée du Roy commandée par M. le comte d'Harcourt, sièges de Cambray et de Condé en Haineau.

1650. Siège de Rethel, bataille de Sompuis en Champagne, siège de Bellegarde en Bourgogne.

1652. Siège d'Étampes, combat de Bléneau, bataille du faubourg Saint-Antoine, siège de Vervins.

1653. Sièges de Mouzon, de Bellegarde en Bourgogne pour la seconde fois, et de Sainte-Menehout.

1654. Siège de Stenay, le Roy y estans.

1655. Sièges de Landrecies, de Condé et de Saint-Guillain.

1656. Sièges de Valenciennes, de la Capelle et de la Fère.

1657. Sièges de Mardick, la Mothe-aux-Bois et Saint-Venant.

1658. Siège de Dunkerque et bataille des Dunes, où fut tué M. le maréchal d'Hocquincourt.

1663. Siège de Marsal.

1664, 1665 et 1666. La Paix.

1667. Guerre de Flandres, sièges de Douay, Courtray, Tournay, Oudenarde, l'Isle en Flandres.

1672. Guerre de Hollande, sièges de Buvick, Vezel, Orsoy, Rimbergue, Doësbourg, Nimègue, Utreckt, Dendeskan, Crève-cœur, Bommel, Anvers, Frise, Zudersen, fort de Skin, Grave.

1673. Siège de Maestrickt, où le Roy commandait en personne.

1674. Bataille de Sénef.

1675. Sièges de Condé, Bouchain et Ayre.

1677. Sièges de Valenciennes, des ville et citadelle de Cambray.

1678. Sièges de Gand et d'Ypres.

1679. La Paix ou trève pour vingt ans. Le Pelletier resta en activité de service jusqu'à sa mort survenue en 1689.

On voit par là qu'il a servy l'espace de cinquante-quatre ans, et qu'il s'est trouvé à 75 sièges, à 11 batailles et plusieurs autres occasions de guerre.

Il a épousé, en 1649 [1], Françoise Charlot, d'une bonne famille de Rheims establie à Paris; son père, Pierre Charlot, seigneur d'Ouville, étoit commissaire ordinaire de l'artillerie. Quand on passa le contrat, le notaire ayant demandé à Le Pelletier sur quoy il assignoit le douaire de sa femme, celui-cy qui n'avoit pas beaucoup de biens répondit que c'étoit sur la garde de son épée.

Ce fut luy qui le premier s'établit en Picardie en acheptant, le 5 juillet 1668, du sieur de Laistre, garde d'artillerie, une maison avec quelques terres situées à Saint-Sauveur, près Verberie en Valois. Il voulut avoir une habitation dans ce païs, à proximité de Paris, où il étoit obligé de demeurer pour l'exercice de sa charge, afin d'y retirer ses équipages au sortir de la guerre. Ses descendants s'y sont accrus et y ont acquis ce qu'ils y ont à présent.

Quelques avantures qui luy sont arrivées paroissent assez singulières pour être rapportées icy.

Alors qu'il demeuroit quay d'Alençon, dans l'isle Saint-Louis, il sortit un soir avec un homme (le sieur Loyauté de Béthisy) qu'il avoit nommé garde d'artillerie, pour le présenter au Grand Maître qui logeoit à l'arsenal. En passant quay des Célestins il fut enlevé et jeté dans un carroce par des gens masquez qui lui bandèrent les yeux. On le fit longtemps

____

1. Contrat passé devant Cartier et Ricordeau, notaires à Paris, le dernier jour de janvier 1649.

rouler dans Paris pour le dépaïser, après quoi on le fit entrer
dans une maison où des gens masquez vinrent le reconnoistre,
ne luy disant mot; ils luy servirent cependant à souper de
façon à lui faire croire qu'il n'étoit pas dans une maison du
commun. Le lendemain des gens masquez entrèrent dans sa
chambre, commencèrent à l'interroger sur ce qu'il étoit et lui
prirent toutes ses lettres. Enfin le jour suivant il entendit un
carroce rouler dans la cour et quelques tems après, on fit
entrer dans sa chambre une femme masquée qui pleuroit à
gros sanglots et à qui on le fit voir, mais elle dit seulement :
« Ce n'est pas luy », et le lendemain les gens masquez le remirent les yeux bandez dans un carroce et après l'avoir promené
encore bien longtemps, le déposèrent dans la place où il avoit
été enlevé.

On a toujours cru que comme il étoit bel homme de guerre
et qu'il se mettoit toujours très bien, on l'avoit pris pour un
seigneur du quartier à qui il pouvoit ressembler, et qui avoit
eu quelque aventure avec une fille de qualité. La famille avoit
sans doute formé le projet d'enlever ce gentilhomme pour le
contraindre à épouser la damoiselle éplourée ou l'assassiner s'il
refusoit. Ces enlèvements dans le tems des guerres civiles
étoient assez fréquents.

Une autre fois que Le Pelletier revenoit de la guerre avec
son ami M. de Camlers, commissaire d'artillerie, il apprit à
Soissons qu'un capitaine de cavallerie dont la compagnie
avoit été réformée à la paix, avoit débauchez une partie de
ses cavaliers, et qu'ils s'étoient mis à piller et à voler, de sorte
que les chemins n'étoient pas libres et qu'il fesoit très dangereux d'aller plus loin. Plusieurs maréchaussées s'étoient
jointes pour prendre ces gens, mais elles avoient été mises en
déroute. Néanmoins les deux officiers d'artillerie s'hazar-
dèrent d'aller chez eux voir leurs familles qui étoient à Saint-
Sauveur, à sept ou huit lieues de là. Ils laissèrent seulement à
Soissons leurs valets et équipages, et résollus et bien montés,
connoissant le païs et prêts à se défendre en cas d'avanture,

ils poursuivirent leur route. Ils n'étoient pas à deux lieues de
Soissons qu'ils virent venir de loin deux cavaliers qui avoient
en trousse beaucoup de hardes, et qu'ils reconnurent au portrait qu'on leur avoit fait, pour être le capitaine et son lieutenant. Ils prirent aussitôt la résolution d'attaquer les premiers,
voïant bien que s'ils suivoient leur route, ils ne manqueroient
point de tomber dans une plus grande bande. Ils allèrent
donc jusqu'à ces hommes et tout à coup s'écartant à droite et
à gauche de la chaussée, et mettant le pistolet sous la gorge
des voleurs, ils les arrestent, leur font mettre pied à terre, et
les conduisent à Soissons en les veillant de près. Ce fut une
grande joie dans tout le païs que la prise de ces gens-là ; les
deux voleurs furent rouez et brulez, parce qu'ils avoient pris
beaucoup de vases sacrez. On m'a dit que cette avanture
étoit escrite dans les annales de Soissons ; il y a encore à la
maison un sabre de damas et une carabine rayée prise à ce
capitaine de cavalerie qui étoit, paroit-il, homme de condition.

Dans le tems que le roy bloquoit la ville de Paris qui étoit
révoltée, Pelletier étoit dans l'armée du roy et sa femme à
Paris, qui souffroit de la disette. Il se déguisa en meunier avec
quelques-uns de ses domestiques et quelques officiers et porta
du bled à sa femme. Il se sauva heureusement, mais plusieurs
de sa bande y restèrent.

Michel Le Pelletier mourut à Saint-Sauveur Geromesnil,
près Verberie, âgé de soixante-quinze ans, le jour de Noël de
l'année 1689, et est enterré dans l'église de Saint-Sauveur,
sous les gradins de l'autel de la chapelle de la Vierge [1].

Il avoit beaucoup de religion, étoit très charitable, sans
hauteur ny faste. Il étoit de belle taille, la figure fort mar-
tiale, de beaux cheveux noirs qui devinrent blancs comme la
neige à la fin de ses jours et qui étoient très longs et le faisoient remarquer.

1. Cette tombe, sur laquelle ses armes sont sculptées, existe encore.

Il a laissé deux enfants, un fils appelé Laurent-Michel, né en
1655, et une fille, Catherine Le Pelletier, née en 1660 et mariée
en 1678 à Antoine Bourdaize, commissaire provincial d'artillerie au département et commandement de Douay [1].

1. Contrat passé le 20 juillet 1678, devant Desnots et Clousier, notaires
à Paris.

LE CHEVALIER LE PELLETIER

LAURENT MICHEL

Lieutenant général d'Artillerie.

1655-1714

II

LAURENT-MICHEL LE PELLETIER

LIEUTENANT GÉNÉRAL D'ARTILLERIE

au Département de Bretagne

(1655-1714)

Il est nommé commissaire ordinaire à l'âge de onze ans et commence à servir effectivement à treize ans et demi. — Ses campagnes. — Il se trouve à vingt-neuf sièges et à cinq batailles. — Est fait chevalier de Saint-Lazare de Jérusalem en 1682. — Commissaire provincial en 1689. — Il commande l'artillerie au siège de Rhinfeld. — Lieutenant d'artillerie en 1695. — Il commande en chef cette arme à Friedlingen, récit de la bataille. — Il enlève le fort de l'Étoile. — Commande l'artillerie à la bataille de Spire, anecdote — Chevalier de Saint-Louis en 1704. — Préjudice que lui cause l'établissement de la vénalité des charges d'artillerie. — Il devient lieutenant général d'artillerie au département de Bretagne. — Son mariage. — Histoire de voleurs. — Les enfants de L.-M. Le Pelletier. — Sa mort en 1714. — Légèreté de M. le duc du Maine. — Audience de Louis XIV.

Laurent-Michel Le Pelletier [1], chevalier, lieutenant général de l'artillerie au département de Bretagne, chevalier de l'ordre de Saint-Louis et des ordres militaires et hospitaliers de Saint-Lazare de Jérusalem et de Notre-Dame du Mont Carmel, est né à Paris, paroisse Saint-Séverin, en 1655, et a fait ses études au collège d'Harcourt.

Il n'a point écrit ses campagnes, qui seroient intéressantes,

1. Père de l'auteur des *Mémoires*.

mais on peut en rappeler icy les faits principaux au moyen des commissions et certificats qui ont été conservés.

Il commença à servir en 1669; avant ce tems-là, l'on voit une commission à son nom, signée du duc Mazarini de la Meilleraye [1], Grand Maître de l'artillerie, dattée du 6 février 1666, pour servir en qualité de commissaire ordinaire sous les ordres de M. le mareschal d'Aumont, gouverneur de Paris; mais comme il n'avoit alors que onze ans, il n'a jamais pris datte de service de ce tems-là, mais plutôt de 1669.

C'est en cette année qu'il fit sa première campagne [2], à l'âge de treize ans et demi, au siège du fort de Saint-Sébastien, et il pensa en mourir de fatigue.

Les premières campagnes qu'il fit ensuite furent celles de la guerre d'Hollande [3].

En 1672, il servit aux sièges d'Orsoy, des ville et fort de Reez, d'Emerick, du fort de Skenck, de Nimègue, Doësbourg, Bommel, Navagne, Crèvecœur, Kossembourg.

En 1673, au siège de Maëstrickt.

En 1674, à la bataille de Sénef, à la levée du siège d'Oudenarde, aux sièges de Dinant, d'Huy et de Limbourg.

En 1675, à ceux de Condé, Bouchain, d'Aire et du fort de Linck.

En 1676, à la levée des sièges de Maëstrickt et d'Elembourg.

En 1677, au siège de Valenciennes, puis au siège des ville et citadelle de Cambray, où il fut blessé; ce fut la dernière campagne qu'il fit avec son père à la mesme armée.

En 1678, il s'est trouvé à la bataille de Saint-Denis près de Mons, où le prince d'Orange fut battu par le mareschal de Luxembourg. Le Pelletier eut un cheval tué sous luy en cette occasion en présence de M. du Metz, commandant de l'artillerie [4].

---

1. Armand-Charles de la Porte de la Meilleraye, duc de Mazarin, Grand Maître de l'artillerie le 16 avril 1648. Le cardinal Mazarin lui fit épouser en 1660 sa nièce, Hortense Mancini, et lui transmit ses titres.

2. Commission de Michel Le Pelletier à son fils, Laurent-Michel, pour exercer l'emploi de garde de l'artillerie au siège de Saint-Sébastien.

3. Voir aux Pièces justificatives les certificats de services.

4. Pierre-Claude *Berbier du Metz*, commissaire extraordinaire vers 1650, maréchal de camp le 4 août 1676, lieutenant général le 24 août 1688, tué à Fleurus en 1690.

Il fut fait chevalier de Saint-Lazare de Jérusalem et de Notre-Dame du Mont Carmel le 3 janvier 1682 et depuis lors fut appelé le *Chevalier Le Pelletier*.

Il fut blessé au siège de Luxembourg, et ce fut luy qui, après la prise de cette place, fut chargé de traiter des cloches[1] avec les habitants et ecclésiastiques qui payèrent 3 000 patagons : le siège avoit duré vingt-six jours de tranchée ouverte.

Au mois d'avril 1689, il eut ordre de se rendre à l'armée qui s'assembloit à Strasbourg, pour y servir en qualité de major sous M. le marquis de la Frezelière[2]. Après la campagne, autre ordre de se rendre à la résidence de Mayence sous M. le marquis d'Uxelles, et il gaigna si fort la confiance de l'électeur que celuy-ci luy fit présent de quatre petites pièces de canon, qu'il ne voulut prendre qu'après que M. de Louvois, alors ministre de la guerre, luy eut marqué que le Roy y consentoit.

Il se trouva à Fleurus en 1690, et obtint le département de Montroyal la même année, aïans le grade de commissaire provincial depuis le 29 novembre 1689.

Il commanda en chef l'artillerie au siège de Rhinfeld.

A partir de 1690 Le Pelletier eut des commandements importants.

Montroyal, ville principale du département d'artillerie auquel il avoit été nommé en cette année, étoit une des plus fortes places qu'il y eut en Europe. Louis XIV l'avoit fait bâtir dans la situation la plus avantageuse, près du château de Trarback, dans une presqu'île formée par différents contours de la Moselle, entre Coblentz et Trèves ; cette place, qui fesoit trembler toute l'Allemagne, fut rasée après la paix de Riswick. Elle avoit coûté au Roy, à fortifier, 7 800 000 livres y compris Trarback, Kirne et Ebernebourg ; il y avoit un des plus beaux arsenaux qui fut en France. Monseigneur, fils de

---

1. Après la prise d'une place, les cloches et tous les instruments de cuivre appartenaient au Grand Maître de l'artillerie, la ville payait une rançon, dont il gardait la plus grosse part, en distribuant le reste aux officiers et canonniers.

2. Marquis *de la Frezelière* (Jean-François-Angélique *Frézeau*, commissaire extraordinaire en 1675, brigadier le 29 janvier 1702, maréchal de camp le 26 octobre 1704, lieutenant général le 12 novembre 1708.

Louis XIV, avoit été très content des dispositions que Le Pelletier y avoit prises, comme il est marqué dans les Mémoires d'artillerie de St-Rémy [1].

Le chevalier Le Pelletier fut fait lieutenant d'artillerie le 1er janvier 1695; il sortit de Montroyal en 1698, lorsque cette place fut démolie, il fit alors sa résidence à Saarlouis, puis en 1700 à Verdun, qui avoit été ajouté à son département.

En 1702, il eut, par ordre datté du 6 juillet, le commandement de l'équipage d'artillerie de l'armée de la Moselle. Il fut employé sous les ordres de M. le marquis de Villars, lieutenant général, lequel, voulant gagner le bâton de maréchal de France, s'empara de Neubourg sur le Rhin, ce que n'avoit osé faire M. le maréchal de Catinat, de l'armée duquel M. de Villars commandoit un détachement, trouvant l'entreprise téméraire. Ensuite M. de Villars alla chercher le prince Louis de Bade en passant le Rhin à Huningue, les ennemis l'attendant de l'autre costé avec tout l'avantage.

Ce fut dans ces circonstances que M. Douville [2], lieutenant d'artillerie, vint rejoindre la petite armée de Villars avec quelques brigades de la grande armée du Roy. Il prétendit, étant le plus ancien, commander l'équipage. Le chevalier Le Pelletier répondit qu'aïant le commandement de l'artillerie de l'armée de M. de Villars par un brevet particulier, personne ne pouvoit lui ôter ce commandement sans être revestu d'une commission pareille à la sienne. Ces deux officiers disputèrent leurs droits devant toute l'armée, en présence du marquis de Villars, avec tant de politesse et de bienséance, que cela leur fit infiniment d'honneur, et l'on cita longtemps cet incident pour exemple en pareil cas.

Le marquis de Villars donna gain de cause au chevalier Le Pelletier et M. Douville se retira, après avoir laissé son artillerie dont on avoit besoin.

---

1. T. III, 3e éd., p. 95.

2. *D'Houville* (Bernardin *du Pré*), brigadier le 30 mars 1703, tué à Turin en 1706.

Peu d'instants après se donna la bataille de Friedelingue [1] (Friedlingen). M. de Villars la gaigna par la bonne conduite de M. de Magnac, mareschal de camp, qui commandoit la première ligne de la cavallerie. L'infanterie avoit bien de la peine à gaigner les hauteurs où étoit celle des ennemis, estant obligée de passer au travers des vignes et des échalas, et la position des Allemans étoit si avantageuse, qu'ils crioient aux nôtres : « Au Rhin, au Rhin ! » voulant leur dire qu'ils alloient les y jeter. L'infanterie avoit reculé au commencement pendant que l'ennemi reculoit de son costé.

Mais M. de Magnac monta la montagne fort doucement avec sa cavallerie, et estans parvenu sur la hauteur sans mettre ses chevaux hors d'haleine, il fonça sur la cavallerie ennemie et la mit en déroute, puis retournant sur l'infanterie, il la fit plier.

Le Pelletier aida autant qu'il put à reformer les troupes lorsqu'elles descendoient la montagne en s'enfuyant, et à leur refaire une teste et une ligne.

Le marquis de Villars coucha sur le champ de bataille dans le manteau de Pelletier à qui il demanda, tant il étoit incertain du succès : « Hé bien, monsieur, nous avons gaigné la bataille? — Je vous le dirai demain, mon général, répondit Le Pelletier, parce que je viens d'un tel costé où, si les ennemis se reforment, nous pouvons bien encore être battus. » M. de Villars eut attention d'y remédier, et l'ennemi ne revint pas étant en déroute.

Il est parlé de cette bataille dans l'histoire des campagnes de Louis XIV, mais peut-être moins naturellement qu'icy.

Le lendemain, Le Pelletier fut chargé de prendre le fort de l'Étoile que les ennemis avoient construit, il l'enleva en 24 heures à coups de canon mis à barbette et tirés à ricochet [2],

1. Certificat du maréchal de Villars, daté du 15 décembre 1702. Voir aux Pièces justificatives.
2. Le tir à ricochet était alors une nouveauté, Vauban venait de l'inventer.

sans ouvrir la tranchée, ce qui luy fit honneur. Il y fut blessé
estant toujours à cheval pour courir d'une batterie à l'autre
et tout animer. M. de Villars lui envoya dire plusieurs fois de
se retirer parce qu'il s'exposoit trop.

Ce général fut fait mareschal de France après la campagne
et il prit le commandement de toute l'armée de M. de Catinat
qui se retira.

Le 26 février 1703, Le Pelletier eut ordre [1] d'assembler à
Metz, pour l'armée de la Moselle, un équipage d'artillerie dont
il eut le commandement sous les ordres du mareschal de
Tallard.

On fit d'abord le siège de Brisach, qui se rendit au duc de
Bourgogne après 14 jours de tranchée ouverte, le mareschal
de Vauban conduisoit les travaux. Le comte d'Arco, gouverneur, fut trompé par la feinte qu'on luy fit d'en vouloir à Fribourg, il fit sortir 10 hommes par compagnie de sa garnison
pour les jetter dans Fribourg. Il eut la teste tranchée et le
comte de Marsigly, commandant en second fut dégradé de
noblesse.

De là on donna la bataille de Spire à l'occasion du siège de
Landau, où l'équipage d'artillerie de l'armée du Rhin, commandé par M. le marquis de la Frezellière, fut joint à celui de la
Moselle commandé par le chevalier Le Pelletier, qui ne se trouvoit plus qu'en second. Mais le prince de Hesse-Cassel venant
pour secourir Landau s'arresta à Spire, et le jour qu'il célé-
broit, dans son camp, la St-Léopold, feste de l'Empereur, le
mareschal de Tallard marcha à luy. Il laissa le marquis de la
Frezellière au siège de Landau, et emmena avec luy l'équipage que Le Pelletier commandoit [2]. La manœuvre étoit dif-

1. Ordre du marquis de Nagu Varenne, lieutenant général des armées
du roi et commandant en chef dans les Trois-Évêchés, aux régiments
de Bourgogne, de la Baume-Cavalerie et de Hainaut-Infanterie d'escorter
l'artillerie, le tout commandé par M. Le Pelletier, lieutenant d'artillerie.
Daté de Saarlouis, 18 mars 1703.
2. Certificat du maréchal de Tallard, aux Pièces justificatives, 20 novembre 1703.

ficile, car on marcha toute la nuit et le matin, sur plusieurs colonnes, dans un brouillard épais, mais tout se fit avec tant d'ordre que l'armée françoise se trouva tout entière en présence des ennemis qui ne songeoient qu'à célébrer la feste. La colonne de l'artillerie arriva à son poste au tems marquez, et le brouillard se dissipant, Le Pelletier vit les autres colonnes à sa droite et à sa gauche à mesme hauteur. Les ennemis furent battus, on leur tua quatre mille hommes, on leur en prit trois mille, 30 pièces de canon et une partie du bagage.

A cette bataille, Le Pelletier fut en risque d'être tué par un officier allemand qui le tournoit pour luy casser la teste d'un coup de pistolet, mais un gendarme de la garde l'avertit assez à tems pour qu'il mit à son tour le pistolet à la main et courut sur son ennemi qui se retira au grand galop et se trouva bien d'estre des mieux montés. Cette façon de se détacher de sa troupe pour aller en escarmouche et tuer quelque officier de marque, étoit alors ordinaire parmi les Allemans.

Le fils du comte de Frise, gouverneur de Landau, se rendit prisonnier à Le Pelletier qui, après cette campagne, fut fait chevalier de Saint-Louis le 9 mars 1704.

Au mois d'aoust de l'année 1703, le Roy avoit créé en charge les offices d'artillerie. Quelque préjudiciable au service que fut cette vénalité dans un corps où il falloit être instruit de longue main pour bien servir, le besoin des finances l'emporta sur toute autre considération. Le Grand Maître, M. le duc du Maine, étoit celuy qui pouvoit le mieux s'opposer à cette mesure et faire voir combien elle étoit contraire au service; le mareschal d'Humières, de son tems, n'avoit jamais voulu y acquiescer. Mais les traitans de ces charges donnèrent un gros pot de vin à Mme la duchesse du Maine qui fesoit une très grande dépense à Sceaux pour ses festes et ils réussirent. On obligea en quelque façon les officiers qui étoient en place d'achepter leurs emplois, en leur faisant sentir qu'ils les perdroient s'ils ne finançoient; mesme on nomma un chacun pour faire la soumission pour son employ dans son département. Le chevalier Le Pelletier fut désigné pour financer pour le département de la Meuse et de la Moselle, dit des Trois-Eveschez. Il fut du tems à se déterminer à faire sa soumission; enfin, plutôt que de se trouver sous le commandement d'un acquéreur nouveau venu, il se résolut à donner les 60 000 livres dont les charges de lieutenant général étoient taxées. Mais on avoit profité de son retard pour satisfaire M. le marquis de Quincy [1], parent de M. de Chamillard, ministre de la guerre; on donna le département de la Moselle au chevalier Le Camus des Touches [2], qui avoit le département de Normandie, et celuy de Normandie à M. de Quincy. Le Pelletier se trouva fort picqué de la précipitation avec laquelle on avoit nommé à son employ, il s'en plaignit un peu trop vivement à M. le Grand Maître, qui d'abord s'en fâcha, puis après fit créer pour luy, au mois de may 1704, un 8e département général d'artillerie en Bretagne.

Cette charge lui rapportoit 9000 livres d'appointements et 1 000 de logement et de plus, en tems de guerre, le commandement d'un équipage sur les costes qui pouvoit valoir un millier d'écus, mais cela lui cassoit le col pour les honneurs militaires, en l'éloignant de commander l'artillerie aux armées, comme il l'eut fait seurement au département de la Moselle, qui luy donnoit de droit le commandement du second équipage d'artillerie.

Il eut une lueur de fortune à l'occasion d'une guerre que le Pape étoit menacé d'avoir avec ses voisins; le Saint-Père avoit demandé au Roy un ingénieur, un commandant d'artillerie, et deux généraux d'infanterie et de cavallerie. Le Pelletier étoit désigné pour passer à Rome, on devoit faire ces officiers mareschaux de camp à leur retour, mais le Pape

---

1. C'est celuy qui a fait l'*Histoire militaire de Louis XIV* et l'*Art de la guerre*. (Note de l'auteur des *Mémoires*.)

2. *Chevalier des Touches* (Louis *Le Camus*), brigadier, 10 février 1704; lieutenant-colonel de Royal-Bombardiers, 20 janvier 1706; maréchal de camp. 8 mars 1718.

ayant fait sa paix, ils en furent pour les idées flatteuses qu'ils avoient pu se faire.

En 1705, le chevalier Le Pelletier eut le commandement d'un équipage d'artillerie pour le service des costes de Bretagne, où les Anglois avoient fait une descente à Comorret, près de Brest, mais ils avoient été repoussés avec grandes pertes et n'y revinrent plus. L'équipage subsista sur pied jusqu'à la paix conclue avec l'Angleterre en 1712.

Laurent-Michel Le Pelletier avoit épousé, en 1694, à Mont-Royal, Geneviève de Grésillemont [1], fille de Jean-Chrysostome de Grésillemont, escuyer, seigneur d'Attilly, commissaire-ordonnateur des guerres, cy-devant lieutenant-exempt des Gardes-Suisses, et de Marie-Magdeleine des Prez, dont le père et le grand-père étoient conseillers à la cour des Monnoies de Paris.

Je vais reprendre icy le récit d'une avanture qui n'a pu être placé plus haut.

Laurent-Michel Le Pelletier revenoit, après la campagne terminée par la paix de Nimègue, lorsque se trouvant près de Laon, il laissa ses équipages suivre la grande route avec ceux de ses camarades, et alla seul à Notre-Dame de Liesse, à laquelle il avoit toujours eu beaucoup de dévotion. S'en retournant ensuite à la Fère, il vit par hasard des grives dans une haye, chargea ses pistolets de petit plomb et s'amusa à tuer une grive d'un coup qu'il ne rechargea point. Plus loin il rencontra un cabaret nommé l'Ange gardien, à la porte duquel 8 ou 10 cavaliers buvoient. Il y avoit une mare d'eau en avant du cabaret, et il y fit entrer sans défiance son cheval pour le faire boire. Mais à peine y étoit-il, qu'il entendit derrière lui un cheval entrer dans l'eau, et se retournant il vit le cavalier qui, tirant de dessous son manteau un pistolet de ceinture, lui demanda « la bourse ». Le Pelletier qui étoit fort vif lui dit : « Tiens la voilà ! » En même temps il lui tire dans

1. Contrat du 7 mars 1694, reçu Werner, notaire à Mont-Royal.

le ventre le seul pistolet qu'il avoit de chargé à petit plomb, puis il franchit la mare en deux coups d'éperons et enfile le chemin de la Fère.

Au bruit du coup de feu et aux cris du blessé, ses camarades se mettent à la poursuite de Pelletier de toute la force de leurs chevaux, tirant sur luy toutes leurs armes, pistolets et mousquetons, lesquelles ils rechargeoient et tiroient encore. Mais ny lui ny son cheval ne furent touchés, et comme il étoit bien monté il fut au bout d'un certain temps hors d'atteinte.

Il sçut depuis que ces hommes étoient des cavalliers de plusieurs régiments qui s'étoient attroupés pour voler.

Laurent-Michel Le Pelletier est mort à Paris le 27 avril 1714, après avoir servi quarante-cinq ou quarante-sept années et s'être trouvé à vingt-neuf sièges, cinq grandes batailles et plusieurs autres occasions de guerre. Il fut enterré à Saint-Étienne-du-Mont, près de la sacristie.

Il laissa 4 enfants, Louis-Auguste Le Pelletier (l'auteur des Mémoires), né en 1696; Michel-Laurent, le chevalier Le Pelletier, qui fut lieutenant général des armées du Roy, né en 1697; Marie-Geneviève Le Pelletier, née en 1699, mariée en 1720 [1] à Joseph Le Féron, chevalier, seigneur de Troly, Breuil et l'Hermite, maistre des eaux et forests à Compiègne et qui avoit servy longtemps aux mousquetaires; enfin Joseph-Félix Le Pelletier de Prévalon, né en 1700, qui fut d'abord officier d'artillerie, puis prestre de l'Oratoire.

Ce fut un coup terrible pour sa famille que cette mort; avec cet excellent père elle perdoit tout son soutien. Quand sa femme et ses enfans voulurent aller demander la protection de M. le duc du Maine, ce prince leur fit dire, par son escuyer, qu'il étoit à Sceaux à une partie de plaisir, mais qu'il les protégeroit toujours. On trouva pareil accueil de bien des grands, qui cy-devant se disoient amis du père. Il n'y eut guère que le mareschal de Chateaurenaud, vice-amiral

---

1. Contrat, reçu Jean Bergeron, notaire à Verberie, le 20 juillet 1720.

et qui commandoit en Bretagne, qui s'intéressa à eux. Il les présenta au Roy Louis XIV, qui reçut cette veuve et ces enfans avec bonté, se souvint du père, mesme de ses services dans quelques occasions particulières qu'il nomma et leur promit d'avoir égard à leur situation.

LOUIS AUGUSTE LE PELLETIER

Âgé de 9 ans en 1705

lorsqu'il fut nommé enseigne au Régt de Royal-Roussillon.

III

LOUIS-AUGUSTE LE PELLETIER

SON ENFANCE, SON ENTRÉE AU SERVICE

Incident à son baptême. — Son grand-père, M. de Grésillemont, commissaire-ordonnateur des guerres. — L.-A. Le Pelletier est nommé enseigne au régiment de Royal-Roussillon à l'âge de neuf ans (1705) et officier pointeur à dix ans. — Il fait ses études au collège de la Marche. — Singulière variété de précepteurs. — A la mort de son père, il est pourvu de la *charge* héréditaire de lieutenant général d'artillerie dont l'exercice est confié au chevalier de Jaucourt (1714). — Il obtient les *grades* de commissaire extraordinaire (1708) et de commissaire ordinaire (1716). — Difficulté pour obtenir un *emploi*. — Réponse à M. Le Boiteulx, secrétaire général de l'artillerie. — Départ pour la garnison de Mézières. — Suppression des charges d'artillerie et leur remboursement en billets de banque. — Les conséquences du système de Law.

Louis-Auguste Le Pelletier, chevalier, seigneur de Glatigny et de Liancourt, lieutenant général des armées du Roy, inspecteur général du corps royal de l'artillerie, est né à Mont-Royal le 19 mars 1696.

Comme c'est luy qui a escrit ces Mémoires, il va rapporter les événements de sa vie en parlant en son nom.

J'ay eu pour parrain [1] Louis-Auguste de Bourbon, duc du Maine et d'Aumale, comte d'Eu, Grand Maître de l'artillerie,

1. Extrait baptistaire signé du duc et de la duchesse du Maine.

et pour marraine Louise-Bénédicte de Bourbon, duchesse du Maine [1].

Comme on tira le canon de la place de Mont-Royal à l'occasion du baptême, les villes tenues par les Allemans dans le voisinage prirent l'alarme et envoyèrent chacune de son costez des détachemens reconnoistre vers le Mont-Royal. Leur apparition troubla la feste que M. de Grésillemont, mon grand-père, qui aimoit la dépense, avoit fait préparer; chacun courut aux armes et alla à son poste; les détachemens allemans aïant sçu qu'il n'étoit question que d'un baptême se retirèrent et on se remit à table.

M. le duc du Maine me fit inscrire dès l'âge de 15 jours sur l'état des Commensaux et 101 privilégiés du corps d'artillerie.

Comme Louis XIV n'avoit fait bâtir le Mont-Royal dans un endroit extrêmement avantageux que pour tenir en bride toute l'Allemagne, une des premières conditions de la paix de Ryswick, en 1697, fut de démolir cette place, ce qui fut exécuté; on n'y laissa pas pierre sur pierre et ce lieu n'est plus couvert aujourd'hui que de ronces et d'épines.

Mon père se retira à Saarlouis, puis à Verdun, qui devint le chef-lieu du département d'artillerie qu'il commandoit, nous y restâmes de 1700 à 1703, mais pendant ce tems-là mon père faisoit toutes les campagnes à l'armée.

Son beau-père, M. de Grésillemont, étoit commissaire-ordonnateur des guerres à Mont-Royal où il fesoit les fonctions d'intendant, il fut nommé à Luxembourg. La tendresse de mon grand-père pour sa famille lui aïant fait désirer de l'avoir avec luy, ma mère, quatre fils et deux filles qu'elle avoit alors, et ma grand'mère Le Pelletier vinrent s'établir à Luxembourg pendant que mon père suivoit son service.

M. de Grésillemont étoit porté à rendre service et il ne fut jamais cœur si généreux, sa maison étoit nombreuse en équi-

____

1. Fille de Henri-Jules de Bourbon, prince de Condé, et d'Anne de Bavière, et petite-fille du grand Condé.

page et domestiques de toute espèce, si bien qu'à sa mort il s'en trouva 27 à payer et qu'on fut obligé de renoncer à sa succession Il avoit fait venir chez lui, non seulement sa fille et ses petits-enfants, ce qui étoit assez naturel, mais je ne sais combien de parents, neveux, cousins de tous les côtés, de sorte qu'on disoit que sa maison ressembloit assez à l'arche de Noé.

Nous trouvâmes chez lui : sa seconde fille Lucrèce de Grésillemont [1]; le fils de son frère, M. de Grésillemont de Caufry, officier au régiment de Berwick, et ses sœurs; la demoiselle de Cavanac, sœur de leur mère, Irlandoise de grande naissance, mais fort pauvre; un cousin, M. d'Armancourt, et quelques-unes de ses sœurs. Bref, mon grand-père rassembloit chez lui tous les parens qui vouloient bien y venir ou avoient besoin de luy, tous d'ailleurs étoient aimables et bien élevés, rien en particulier n'étoit plus plein d'esprit et de mérite que la famille Grésillemont de Caufry.

Par son crédit mon grand-père fit avoir des emplois à bon nombre de ses parents et de ceux de sa femme.

Mais s'il étoit bon et généreux, il sçavoit aussy se montrer ferme à l'occasion.

Un colonel petit-maître de la Cour, passant en revue devant luy, ne voulut mettre ny hausse-col ny uniforme, il s'étoit vantez qu'il n'en mettroit pas, exprès. M. de Grésillemont le porta absent quoyqu'il fut à son régiment, et la Cour luy en sçut gré.

Après la démolition de Mont-Royal, les gens du païs qui étoient luthériens firent abattre la croix, comme à peine les François étoient sortis; il revint avec un détachement et la leur fit relever. Il est mort à Luxembourg en 1709.

Nous avions, mes frères et moi, pour précepteur M. Reith, de Maïance, qui nous montroit le latin et l'allemand, il nous

----

1. Mariée depuis à M. Boileau de Saint-Pau, dont la famille a fourni de nombreux officiers d'artillerie.

quitta pour être secrétaire de mon père quand il passa au
département général de Bretagne, puis il le quitta à Brest
pour se faire corsaire, et, par le plus grand hazard, mon frère
le reconnut à son œil de verre, en 1735, au camp de Dalheim;
il étoit alors officier de justice de l'Électeur de Maïance, il
nous fit mille caresses et nous dit dans une extase d'amitié
allemande qu'il désireroit que nous fussions prisonniers ou
blessez à Maïance pour nous recevoir chez luy comme ses
enfans. Il fit plusieurs voyages pour nous venir voir à notre
camp en nous apportant des jambons et des meilleurs vins du
païs.

Ce fut dans notre séjour à Luxembourg, en 1705, que M. le
marquis de Ximène, colonel de Royal-Roussillon, me nomma
à l'enseigne colonelle de son régiment, j'avois alors environ
9 années. Mais les veues de mon père étoient de nous mettre
dans l'artillerie, et nous fusmes faits, mon frère le chevalier
et moy, officiers pointeurs *ad honores* dans l'équipage qu'il
commandoit en Bretagne. Nos commissions sont dattées du
30 mars 1706.

Mon père nous mena à Brest avec luy, nous donnant pour
espèce de gouverneur M. Loliveau, qui quitta le petit collet
pour prendre l'épée, ne convenant guère d'avoir un abbé
pour servir de précepteur à des officiers. Comme nous étions
toujours en voyage il ne nous apprit que très peu de chose.
C'étoit un fort honnête homme et très propre à estre gouverneur de jeunes militaires. Je n'oublie point que pour nous
donner l'horreur de la passion du jeu, il nous mena à Rennes,
à l'académie où l'on jouait les jeux de hazard, où les fureurs,
les juremens et les contorsions d'un abbé qui perdoit beaucoup, me donna plus d'aversion pour les jeux de hazard que
toutes les leçons qu'il m'eut pu faire. Il est vray que me
dégoûtant de toute espèce de jeux, je les ay si peu appris
que, quand j'ay été obligé de les jouer par nécessitez, pour
pouvoir cultiver les bonnes compagnies, j'ay souvent perdu
mon argent en dupe, faute de sçavoir le deffendre.

Nous fismes des tournées avec mon père dans plusieurs places de la Bretagne et revinmes par la terre de M. de Baudineau de Meslay, près de Vendosme. Il étoit maître des eaux et forets, mon père avoit mis dans l'artillerie son fils, qui est mort maréchal de camp [1], et a eu un fils, nommé de la Pelleterie, colonel d'une brigade dans le corps royal, mort en 1762; la sœur de celui-cy avoit épousé M. Bigot de Morogue, aussy colonel, chef d'une brigade d'artillerie de la marine.

Au retour, mon père nous mit au collège de la Marche, externes. Nous demeurions tout près, dans notre maison de la Montagne Sainte-Geneviève, et nous fismes ainsi notre sixième et notre cinquième; nous avions pour précepteur un fort digne ecclésiastique, bachelier de Sorbonne, nommé M. Robin.

Quoyque nous fissions nos études au collège, nous fusmes toujours employés sur l'état de l'équipage d'artillerie que mon père commandoit en Bretaigne, de sorte que je fus fait officier pointeur en pied en 1707, et commissaire extraordinaire en 1708 et nous continuames ainsy jusqu'en 1713 que cet équipage fut licencié à cause de la paix qui se fit avec l'Angleterre. Cette paix, qui devint ensuite générale, fit que, quoyque toujours officiers dans le corps, nous ne fusmes point employés dans aucune place ni résidence qu'en 1718, ce qui nous donna le loisir de poursuivre nos études.

On voit par ce qui est dit cy-dessus combien alors on procuroit de facilités aux fils des anciens officiers.

Nous fismes encore, mon frère le chevalier et moy, notre quatrième en 1709 et notre troisième en 1710 au collège de la Marche, mais ensuite mon père nous fit aller tous à Saint-Sauveur en Picardie, les tems estans devenus très malheureux, parcequ'on ne touchoit point un sol des appointe-

---

1. *Bodineau, baron de Meslay* (Urbain-Pierre-Louis), brigadier le 1er janvier 1740, maréchal de camp le 2 mai 1744.

Bodineau de la Pelleterie (Urbain-Pierre-Louis), officier pointeur en 1732, brigadier le 25 juillet 1762.

ments et biens de chez le Roy. Notre précepteur, qui étoit
alors M. Michel, nous faisoit continuer nos études. Le père
de M. Michel avoit été deux fois fermier général et avoit cul-
buté aussy deux fois, il s'étoit retiré en Hollande et y faisoit
des livres, entre autres *Pluton maltôtier* et autres de cette
espèce. Ses enfans étoient restés misérables en France, et
mon père, par bon cœur, recueillit celuy-là qui étoit l'aisné et
vouloit se faire bénédictin. Tant que M. Michel a été avec
nous il étoit dans la plus grande dévotion, il nous fesoit
garder la moitié de notre déjeuner, pendant le grand hiver de
1709, pour nourrir un pauvre étudiant et une vieille femme
qui étoit dans la dernière misère.

Depuis, par la protection de M. de la Jonchère, trésorier
général de l'extraordinaire des guerres, qui le prit dans son
bureau, il devint trésorier à la Rochelle, puis dans le tems
des actions, c'est-à-dire de l'agio, il gaigna si prodigieuse-
ment qu'il achepta la charge de receveur général des finances
de Montauban, le marquisat de Montpezat, une belle maison
rue de Richelieu, etc., il maria son fils aisné à la fille de
M. Chopin, un des plus fameux advocats de Paris. Mais il se
livra à tant de faste et de dépense que sa fortune en fut cul-
butée et qu'il fut obligé d'aller dans le païs étranger et de
tout abandonner.

Nous revinmes faire deux années de rhétorique au collège
de la Marche; elles furent interrompues en ce que mon père
me mena, en 1712, avec luy en Bretaigne. Il eut l'idée de m'y
marier, quoyque je n'eusse encore que seize ans, avec la fille
d'un riche habitant de Saint-Malo, nommé M. de la Fosse du
Hamel, qui avoit achepté une charge dans l'artillerie. M. de
Bonneveau, commandant l'artillerie à Saint-Malo, ancien camarade de mon père et qui avoit été un de ses seconds au duel
qu'il y eut entre les officiers du régiment de Champagne et
de l'artillerie, luy avoit donné cette idée, mais ma trop grande
jeunesse et la mort de mon père quelque tems après rompit
le projet.

Je retournai à Paris, où je restai avec mes deux frères et deux domestiques pour continuer mes études, et j'y fis ma logique, toujours au collège de la Marche, sous M. Poirier, alors recteur de l'Université. Il y avoit beaucoup de gens de qualité dans sa classe : MM. de Gesvres, dont l'un a été cardinal et évesque de Beauvais, l'abbé de la Roche-Aymon, aujourd'huy grand aumônier et archevesque de Reims, etc.

Mon père, à ce moment, prit beaucoup de chagrin de la réduction des rentes de la ville au denier quarante ; il tomba malade d'une fluxion de poitrine dont il mourut, ainsy qu'il est dit cy-dessus, le 27 avril 1714.

Cette perte causa le dérangement total de notre établissement à Paris et de nos affaires ; ma mère, chargée de quatre enfans, alla s'établir à Saint-Sauveur, loua son appartement à Paris, vendit son caroce pour en avoir un de campagne et fit valoir ses terres.

La charge de lieutenant général d'artillerie étoit héréditaire, et je fus pourvu du titre étant l'aisné ; nous en demandions aussy pour moy l'exercice, mais on manqua cette grâce, parceque je n'avois que dix-sept ou dix-huit ans et que plusieurs personnes avoient envie de cette charge.

Elle rapportoit 9 000 livres de rente et de plus 1 000 livres de logement payées par les États de Bretaigne. Je n'en eus que le titre et l'exercice fut donné au chevalier de Jaucourt [1], brigadier des armées et ancien lieutenant d'artillerie ; on laissa 5 000 livres à la famille, et M. de Jaucourt eut, pour l'exercice, 4 000 livres avec les cent pistoles de logement.

Il y avoit encore une charge de commissaire provincial d'artillerie, dont la finance étoit de 15 000 livres, sur la teste de mon frère le chevalier.

Comme mon père mourut dans le moment que l'on publioit la paix avec l'Angleterre et qu'il n'y avoit plus besoin d'équipage d'artillerie pour la défense des costes, nous nous trou-

---

1. Jean, *chevalier de Jaucourt*, brigadier le 3 avril 1721.

vames, mon frère et moy, réformés. Les charges que nous avions l'un et l'autre et les services de notre père et de notre aïeul sembloient nous devoir faire espérer d'estre employés des premiers en notre qualité de commissaires extraordinaires, car nos charges, dont nous n'étions que titulaires, ne nous donnoient aucun rang, elles devoient être exercées par d'autres officiers jusqu'à ce que, successivement, nous en attrapassions le grade, qu'en conséquence d'elles nous devions avoir bien plus promptement que d'autres, à mesure que nous avancions en aage. Mais ces charges furent supprimées peu après et remboursées en billets, on n'eut guère d'égard à la perte que nous faisions ny aux services de nos pères. Je fus seulement fait commissaire ordinaire le 1er novembre 1716, mais sans pour cela être employé en résidence dans aucune place.

Nous restames, depuis la mort de mon père arrivée en 1714, jusqu'en 1718 à la campagne, à chasser beaucoup, à lire un peu, et à nous ennuyer extrêmement d'être toujours à attendre notre remplacement. Ma mère, par le conseil de M. de Saint-Hilaire, fit la dépense de nous envoyer à la Fère, pour y voir travailler à l'arsenal et y apprendre notre métier, car il n'y avoit pas alors d'école d'artillerie. Enfin, outrée de voir tous les jours des officiers de remplacés qui ne l'auroient pas du estre de préférence à nous, ma mère nous envoya à Paris, nous y fit décemment habiller, et nous dit de plaider nous-mesmes notre cause.

Lorsque nous nous présentames à M. de Saint-Hilaire [1], lieutenant général des armées et de l'artillerie, grand croix de Saint-Louis, et qui étoit alors conseiller au conseil de régence, et à M. le chevalier des Touches, mareschal de camp, et lieutenant général d'artillerie, ces deux messieurs se mirent en colère et en indignation contre M. Le Boiteulx, secrétaire

---

1. *Saint-Hilaire* (Armand *de Mormès* de), commissaire extraordinaire en 1665, brigadier des armées le 30 mars 1693, maréchal de camp le 29 janvier 1702, lieutenant général le 26 octobre 1704.

général de l'artillerie, de ce qu'il nous traitoit si injustement, et lui en firent les plus vifs reproches, de sorte qu'à la fin il sentit combien mesme cela fesoit peu d'honneur au corps et à son ministère. Je lui parlay assez vivement et comme le Roy venoit de créer alors des lieutenants en second, je luy dis qu'il étoit bien singulier qu'on nous offrit de l'emploi partout et que nous n'en pussions obtenir dans un corps où nous avions le service de notre père et grand-père depuis plus d'un siècle dans les premiers emplois du corps, et de plus, près de 80 000 livres en charges.

Ce petit ministre eut le front de répondre à cela que, puisqu'on nous offroit de l'emploi ailleurs, nous estions les maistres d'accepter. Je répliquay, tout jeune que j'étois alors, que sa réponse eut été à peine convenable dans la bouche d'un Grand Maître, mais qu'elle étoit très indécente dans la sienne. Ma mère et M. de Lorme [1], capitaine de mineurs, qui se trouvoit là, se mirent à la traverse, le secrétaire général prit cela de moy comme d'un jeune homme, et par la suite il devint notre plus zélé protecteur.

Nous faisions d'ailleurs régulièrement notre cour à M. le duc du Maine, Grand Maître de l'artillerie, et ce fut dans ce tems-là que M. le duc d'Orléans régent luy ôta la surintendance de l'éducation du Roy et qu'il fut obligé de se retirer à Sceaux. Cette révolution, et les suites qui firent exiler ce prince et Mme la duchesse du Maine, nous fit bien voir que les vicissitudes du sort n'épargnent pas plus les grands que les petits.

Le 1er avril de l'année 1716, la famille essuïa encore une infortune, les charges d'artillerie furent supprimées et réduites au denier vingt-cinq jusqu'à leur remboursement. Par là je perdis les chances d'avancement que ma charge me donnoit et la famille 2 600 livres de revenu. Ce qui fut pis encore c'est

---

1. *De Lorme* (Simon), capitaine de mineurs en 1712, brigadier le 1er janvier 1740, maréchal de camp le 2 mai 1744. Tué à Berg op Zoom en 1747.

que le remboursement se fit deux ou trois ans après en billets
de banque. Je reçus en espèce de dédommagement le brevet
de commissaire ordinaire le 1er novembre 1716.

Au mois d'octobre 1718, je fus enfin employé en résidence à
Mézières. Ma mère et toute la famille m'accompagna jusqu'à
Notre-Dame de Liesse, afin que moy et mon frère, qui venoit
de recevoir ses ordres pour la résidence de la Fère, obtenions
du Seigneur les grâces nécessaires pour notre état, d'autant
que c'étoit la première fois que nous étions l'un et l'autre
abandonnés à notre conduite. Nous fimes tous nos dévotions
à Notre-Dame de Liesse, et la piété de ma mère à cet égard
est bien respectable, je crois pouvoir dire qu'un pareil commencement nous a porté bonheur à l'un et à l'autre.

Je me rendis ensuite à Mézières, où je restai deux ans en
garnison, y estans toujours continué d'un semestre à l'autre
par grâce spéciale, car on étoit alors ordinairement relevé, ou
tous les cinq mois, ou tous les sept, et on ne recevoit d'appointements qu'autant que l'on étoit employé. J'avois de tems
en tems des congés de M. de Ruby, lieutenant d'artillerie,
pour aller passer quelques jours dans ma famille.

C'est dans l'année 1719 que M. le duc d'Orléans régent
déclara la guerre à l'Espagne, et qu'on fit les sièges de Fon-
tarabie, St-Sébastien, Roze et Urgelle. Mon frère le chevalier
et moy estions sur l'état de la Cour pour faire cette campagne, quand l'influence d'un cy-devant secrétaire général
de l'artillerie fit servir à notre place M. de Clugny, son parent,
et un autre. On donna une action de la compagnie des Indes
par gratification aux officiers de mon grade qui firent cette
guerre.

Ce fut dans ce tems là qu'on créa les billets de banque,
système de l'invention de M. Law Anglois, pour rembourser
les debtes du Roy et les actions de la compagnie des Indes.

Ma mère prit de ces dernières pour plus de 30 000 livres,
dont par la suite nous ne retirames en tout que 3 000 livres,
après des supplémens appelés *nourritures* qu'on fesoit donner

de tems en tems aux actionnaires. Ce fut aussi dans ce tems
là que nous fumes remboursés, en billets, de tous les effets
que nous avions chez le Roy, qui se montoient, tant en charges
qu'en contrats de rente sur l'hôtel de ville, intérêts de
nos charges et appointements de rentes, à la somme de
150 000 livres. De tout cela je ne vois d'existant aujourd'hui
que 600 livres de rente sur l'hôtel de ville et 30 000 livres données en billets, en mariage, à Mme Le Féron, ma sœur, qui les
a placés, dans la suite, par l'acquisition du fief de Grand
Outreval, à Pierrefond en Vallois.

Il eut fallu, lors du remboursement de tous ces effets en
billets, se presser d'achepter des terres, mais ma mère ne sçut
prendre son parti. Je luy demanday de me donner ma légitime
de mon père en billets, pour achepter une petite terre en
Thiérarche, nommée Ardoncelle, que j'avois été voir estant
près de Mézières, mais elle ne voulut pas. Mes frères et sœur
comptoient si bien faire une grande fortune sur les actions
des Indes, qu'ils se moquoient de ce que je me bornois à cette
petite acquisition.

Tout cela m'a fait prendre la résolution de ne remplacer
aucun remboursement qu'en fonds de terres et de ne vouloir
point entendre parler ny d'argent placé sur le Roy, ny sur
les particuliers qui peuvent vous rembourser un jour en billets ou à la veille d'un décri d'argent.

Ma mère se borna à vouloir achepter de Mme la mareschale
de la Ferté, la terre de Jeaux, près Compiègne, où étoit
attaché alors Armancourt et partie de Venette. Mme la mareschale la luy fesoit fort cher, ma mère luy demandoit 12 ou
15 jours pour consulter, elle y retournoit et Mme la mareschale augmentoit son prix à chaque fois, parce qu'effectivement tous les fonds augmentoient à mesure que les billets
se multiplioient. A la fin Mme de la Ferté dit que sa terre
n'étoit plus à vendre, M. Law luy aïans fait présent d'actions
pour payer ses debtes. Car M. le Régent en donnoit comme
des images à tout le monde, c'est ce qui les discréditoit, et

elles commencèrent à baisser le lendemain mesme du jour
que ma mère eut pris les siennes.

Ce fut dans le mois de juillet 1720 que ma mère maria notre
sœur, Marie-Geneviève Le Pelletier, à M. Joseph Le Féron,
chevalier, seigneur de l'Hermite, Troly et Breuil, chevalier de
St-Louis et maitre des eaux et forests à Compiègne[1]. Cette
charge n'étoit guère alors possédée que par des gentilshommes, et celle de la forest de Compiègne étoit une des plus
belles, avant qu'il y eut une capitainerie royale des chasses,
le maitre des eaux et forests aïant cette juridiction que M. le
marquis d'Humières fit établir et en fut le premier capitaine.
Mon beau-frère étoit le 7e maistre de sa famille, et ses pères
tenoient un bel état. Ils s'illustrèrent à Choisy, bourg au con-
fluent de la rivière d'Aisne et de l'Oise, et repoussèrent l'ennemi, ils en eurent la vicomté de Choisy, apparemment par
engagement, qui leur fut ôtée pour la donner au marquis d'Humières et en former son duché. Une branche de la famille de
M. Le Féron, qui a eu plusieurs conseillers et présidents au
Parlement de Paris, a de très belles alliances avec la maison
des ducs de Chaulnes, du marquis de St-Mégrin, etc.

M. et Mme Le Féron ont toujours eu pour nous beaucoup
d'amitié; par intérest pour notre avancement, ils ont toujours
logé chez eux les secrétaires ou petits ministres de l'artillerie,
dans les voïages du Roy à Compiègne.

Le mesme jour que ma mère maria ma sœur à St-Sauveur,
elle reçut les ordres de la Cour pour ses trois fils, pour estre
employés à l'école d'artillerie de la Fère, que M. le Régent
venoit d'établir, moy en qualité de commissaire ordinaire,
mon frère le chevalier en celle de commissaire extraordinaire,
et mon frère de Prévalon en celle d'aide de parc, qui étoit
alors le 1er degré d'officier dans l'artillerie. De sorte qu'elle
fut débarrassée de ses quatre enfants tout à la fois.

1. Contrat du 20 juillet 1720, reçu Bergeron, notaire à Verberie.

IV

L'ÉCOLE D'ARTILLERIE DE LA FÈRE

en 1720

Rivalité entre l'ancien Corps d'artillerie et le régiment de Royal-Artillerie. — Uniformes. — Le cours de mathématiques de M. Bélidor. — Ardeur extraordinaire des officiers pour l'étude. — Brevet de sous-lieutenant des chasses de la capitainerie de Compiègne. — Une culotte de peau au temps de Louis XIV, le capitaine des Prez. — Louis-Auguste Le Pelletier est nommé à la résidence de Ham, puis à celle de Saint-Quentin. — Blessure à la chasse. — Mariage. — Il est nommé commandant en troisième de l'École de Grenoble. — Le budget d'un commissaire provincial (lieutenant-colonel d'artillerie) en 1732.

Nous arrivames, mes frères et moy, à la Fère le mesme jour, moy par une porte, eux par l'autre. C'était M. Tufreau qui commandoit cette école en chef, M. le chevalier d'Aboville [1], en second, et M. le Cerf, en 3ᵉ, et nous y trouvames le bataillon de Royal-Artillerie de M. de Romilly. Ce corps et le nostre étoient souvent en discussion pour le rang et le commandement, ce qui procuroit des ordonnances de la Cour qui tendoient à les rejoindre. On changea l'uniforme de Royal-Artillerie, qui étoit blanc et parements bleus, auquel corps on avoit rejoint le régiment royal des bombardiers, les mineurs et les compagnies de canonniers détachez et d'ouvriers.

---

1. *Chevalier d'Aboville* (Antoine-Julien), volontaire dans Royal-Artillerie en 1705, brigadier le 1ᵉʳ janvier 1740, maréchal de camp le 2 mai 1744, lieutenant général le 10 mai 1748.

L'uniforme des troupes d'artillerie fut décidé alors pour estre bleu, parements rouges et boutons de cuivre. On obligea les officiers du corps d'artillerie de porter le mesme uniforme; il y avoit longtems qu'ils n'en portoient plus, l'ancien uniforme, qui étoit d'écarlate avec parements de velours noir, l'habit garni de brandebourgs formés de galons en boutonnière dont la queue se terminoit en trois fleurons ou trèfles ⋮, coûtoit trop et étoit mal conçu pour un métier où on est toujours dans la fumée de la poudre à canon. Mais comme l'ordonnance ne s'expliquoit pas sur le hausse-col, les officiers des bataillons en tiroient un sujet de mépris de ce que les officiers du corps d'artillerie n'en portoient pas quand ils étoient commandés. C'étoient par de pareilles petites misères que les deux corps s'ergotoient souvent, et de ce que les uns n'estans qu'officiers d'artillerie, et les autres faisans soi-disans le métier d'artillerie et d'infanterie, les officiers des bataillons prétendoient en cette dernière qualité commander dans la ville où il n'y avoit pas d'état-major.

Cependant les uns et les autres suivoient exactement les salles de mathématique, dont M. Belidor [1] étoit le professeur, lequel a trouvé le moyen, par la réputation qu'il s'est faite, de se procurer le grade d'officier, qui paroissoit peu compatible à son état de professeur, et enfin de devenir colonel, brigadier et inspecteur des cinq compagnies de mineurs.

Quand il commença à nous enseigner, il sçavoit peu de chose et étudioit les propositions qu'il nous montroit le lendemain. Mais à force de s'appliquer, il a fait imprimer tous les livres qu'on a de luy. Son défaut a esté de ne les avoir pas assez travaillés, du moins les premiers, et d'avoir voulu être trop tost autheur. Comme personne alors ne sçavoit rien, et que luy en sçavoit un peu plus, on le croioit le plus grand

---

1. *Bélidor* (Bernard *de Foreste de*), brigadier le 10 février 1759, membre de l'Académie des sciences en 1756.

mathématicien de l'univers lorsqu'il ne faisoit que commencer, et les commandans le gâtoient un peu.

Ce qui étoit digne d'admiration, c'étoit de voir que, tout à coup, un nombre d'officiers aussy considérable que l'étoit celuy qui se trouvoit à chacune des 5 écoles, dont presque tous avoient fait la guerre, et étoient déjà d'un certain aage, dont le plus grand nombre n'avoit point d'étude, et dont quelques-uns portoient déjà des lunettes et plusieurs déjà chevaliers de St-Louis, s'appliquoient avec beaucoup plus de docilité que les enfans et écoliers des collèges. Tous zélés par l'émulation de s'avancer en tems de paix par cette voie de science en géométrie, comme les ordonnances l'annonçoient. Les portes, les contrevents, les assiettes d'étain des auberges, étoient jonchez de figures de mathématique, car si tost que l'un de nous avoit saisi la proposition qui avoit quelquefois esté superficiellement démontrée le matin à la salle, si tost tous les camarades couroient comme au feu autour de luy, et avec de la craye il la traçoit et la démontroit, et on l'apprenoit de mesme aux auberges où ces figures se traçoient avec la pointe d'un couteau sur tout l'étain de la vaisselle, enfin partout.

Si tost qu'il arrivoit des surnuméraires à l'école on alloit au devant d'eux aux portes de la ville, pour les retenir, afin de leur montrer les mathématiques, en vue de s'y fortifier en les enseignant aux autres, tant étoit grande l'émulation de ces tems là.

Il est vray que les officiers du corps de l'artillerie étoient toujours plus nombreux en sçavans que ceux de Royal-Artillerie, mais il y en avoit beaucoup de ces derniers aussy. Les examens avec des nottes du progrès de chacun qu'on envoïoit à la Cour tous les mois, étoient les grands mobiles de ce zèle. On ne s'appliquoit pas seulement aux mathématiques, mais aussy à l'artillerie, au dessin, à la physique, sur laquelle on avoit établi des espèces de conférences du titre d'académie, ainsi que sur l'attaque et la défense des places, à lever des plans, enfin à la construction des mines. L'on fit un simulacre de siège en règle, à un polygone qu'on avoit établi, et on recommença toutes les années dans l'été. Les ambassadeurs du congrès de Cambray s'y trouvèrent en 1724 et furent très contents de tout ce qui s'y exécuta.

Mes frères et moy estions tous trois des plus forts de l'école, et surtout le 3e. Mon frère le chevalier emporta le prix que le Roy donna, qui étoit un étui de mathématique. J'étois commissaire ordinaire et en ce grade supérieur je ne concourus pas avec les autres au prix.

La proximité où nous étions de St-Sauveur nous occasionna d'avoir de tems en tems des congés pour y aller. Ce fut dans un de ces voïages que je levai le plan du château de St-Isve et que j'en fis présent à M. le marquis de Vieux-Pont, seigneur dudit lieu, lieutenant général des armées du Roy et gouverneur de Douay, qui aimoit beaucoup notre famille. Il fut si touché de ce petit travail qu'il me pressa de luy dire en quoy il pourroit me rendre service. Je luy demanday une sous-lieutenance des chasses *ad honores* de la capitainerie de Compiègne, comme MM. de Chevreuse et de Lorme, gentilshommes du voisinage en avoient. Il ne tarda pas à m'envoyer la commission, datée du 28 octobre 1724, qu'il obtint de M. le duc d'Humières, oncle de Mme de Vieux-Pont, gouverneur et capitaine des chasses de la forest de Compiègne. Je dus à ce talent de lever et dessiner le plan, l'agrément de la chasse que j'eus depuis dans cette forest, qui dans ma jeunesse fesoit la félicité de ma vie. Ce n'est pas que sur une permission par escrit du mesme duc d'Humières accordée à mon père, la chasse ordinaire ne nous fut permise dans la forest, mais les gardes qui comptoient nos coups de fusil en fesoient des rapports au lieutenant des chasses et mettoient sur notre compte ceux qu'ils tiroient eux-mêmes. Il y avoit toujours à craindre quelque tracasserie de ces gens là sur lesquels nous n'avions aucune authorité, et au 1er voyage du roi à Compiègne c'eut été un prétexte pour nous ôter notre permission, que nous avons conservée comme officiers des chasses.

Cependant ce titre m'a pensé plus d'une fois coûter la vie, par la fureur que j'avois d'attaquer les braconniers, si tost que j'en sçavois, et c'est à Dieu seul que je dois de n'y avoir pas attrappé quelque coup de fusil.

En 1725, nous perdimes M. des Prez, notre grand-oncle, cy-devant capitaine dans la Vieille-Marine, puis dans Charolois, il étoit frère de notre grand'mère de Grésillemont, de mesme que l'abbé des Prez. C'étoit un très brave mais très borné capitaine, s'étant abruti par la boisson, d'ailleurs fort dévot. Il étoit monté trois fois de suite à la brèche d'une place et on l'avoit trouvé presque étouffé sous la quantité de morts qui étoient tombés sur luy, mais il en étoit revenu. Il avoit une pension du Roy. Il avoit toujours la plus belle troupe du régiment, et quand un soldat luy demandoit un habit ou un chapeau, il leur donnoit ses hardes quoyque toutes neuves, n'aïant d'autre souci que d'avoir une belle et bonne troupe. Il avoit encore un frère qui avoit beaucoup plus de conduite que luy et étoit extrêmement estimé, qui fut tué en Italie à la défense d'un pont qu'il reprit deux fois, mais à la troisième, il reçut un coup de fusil au-dessous de son hausse-col qui le tua roide sur le pont qu'il venoit de reprendre.

Je restay à l'école de la Fère jusqu'à la fin d'avril 1727, mon frère le chevalier y resta jusqu'au mois de juillet, après avoir été envoyé à l'école de Metz en décembre 1723, et renvoyé à la Fère l'année suivante; ce changement d'école étoit pour le distraire d'une inclination.

Mon troisième frère, Le Pelletier de Prévalon, resta à la Fère jusqu'à la fin de 1724, où estant tombé malade, il fut à Compiègne, chez Mme Le Féron, ma sœur, qui nous recevoit toujours chez elle de grand cœur ainsy que son mary, puis au retour de sa longue maladie, il entra dans l'ordre de l'Oratoire.

Il avoit tout ce qu'il faut pour faire un grand chemin,

étoit bon mathématicien, bon dessinateur et très appliqué, avec beaucoup de conduite et de sentimens d'honneur. Il quitta la communauté de l'Oratoire à cause de ses infirmités et il est venu se retirer à Saint-Sauveur, où il vit tranquillement en philosophe et en chrestien, j'ajouterois volontiers en saint, plus heureux que nous tous, qui avons suivi la carrière du monde, des dignités et honneurs, où je n'ay trouvé que vanité et affliction d'esprit.

La mort de M. Tuffreau, notre commandant à la Fère, qui nous aimoit, occasionna notre départ de cette école. M. de Boisricher qui luy succéda, voulant en avancer d'autres, nous en écarta. Si M. Tuffreau eut vécu j'y eusse été fait commandant en 3ᵉ au lieu de l'estre à Grenoble. Mais je n'aurois pas fait la guerre d'Italie, qui m'occasionna plus d'avancement, surtout celle de Corse, où je fus fait lieutenant provincial. Voilà comment les choses du monde que l'on croit être contraires tournent quelquefois à notre avantage.

Au mois de may 1727 j'eus donc l'ordre de me rendre à Ham, où je relevai mon cousin du Corel, commissaire provincial d'artillerie, et où par la proximité que j'étois de chez moy, je ne restay guère, estans presque toujours à Saint-Sauveur.

Vers le mois de décembre 1727, je fus blessé d'un sanglier monstrueux, dont je pensay rester estropié et boiteux pour toute ma vie, car après l'avoir touché de 2 ou 3 coups de fusil, il revint sur moy avec tant de furie que d'un coup de sa défense il me perça une guestre double, ma culotte de peau de chamois, me cassa la pointe de mes ciseaux dans ma poche et me fendit le bas de la cuisse entre les nerfs, me faisant une très longue blessure. Comme cet accident m'arriva dans la forest de Compiègne, dans un triage appelé le « Bosquet Gras », qui est à plus d'une lieue du village de Saint-Sauveur, j'eus beaucoup de peine à revenir chez moy, soutenu d'un costé par un nommé Jourdain, garde-chasse, et de l'autre par mon fusil. Heureusement j'étois alors bien fort et vigoureux, cependant je perdis une quantité considérable de sang et, arrivé chez moy, l'hémorragie me reprit de plus fort quand je fus tranquille. Je fus très mal pendant 24 heures, et restai plusieurs mois sans pouvoir marcher.

Cette avanture pensa encore avoir une autre suite, c'est que le Roy, venant quelque temps après à Compiègne, les officiers du vautrait ne trouvant que très peu de sangliers dans la forest, s'en plaignoient dans l'antichambre du Roy; alors un bourgeois de Compiègne qui bayoit là en bon Picard, coupa la parole à M. d'Equevilly, capitaine du vautrail, et luy dit qu'il s'étonnoit qu'il ne trouvat pas de sangliers, puisqu'un gentilhomme du voisinage en avoit esté blessez d'un, il n'y avoit pas longtems. A propos de quoy M. d'Equevilly dit qu'il se plaindroit au Roy de ce que les gentilshommes riverains détruisoient les sangliers, ce qui nous eut fait une affaire. Mais heureusement M. de Villers Fransure se trouvant là, le pria de n'en rien faire, que cette avanture étoit arrivée à un de ses parents, qui n'étoit pas braconnier, mais officier des chasses, et il n'en fut plus parlé. Voilà comme un bavard tel que mon Picard de Compiégnois, pouvoit me causer du chagrin, sans que j'eusse peut-être pu être averti de ce qu'on auroit décidez contre moy.

En 1728, mon beau-frère, M. Le Féron, refusa 74 000 livres de sa charge de maitre des eaux et forests et fit mal de ne pas la vendre à M. du Puget, car il se fut évité bien des chagrins et eut gagné sur sa charge, sur laquelle il a perdu beaucoup en la vendant à M. Coustant, qui fut après forcé de la vendre à M. le duc d'Aumont qui la désiroit.

Dans le mois de juin 1728, le Roy vint à Compiègne pour la chasse, on raccommoda tel quel le château, et on fit dans la forest les belles routes qui en sont aujourd'huy l'ornement et qu'on a tant augmentées depuis. Il y resta trois semaines, pendant lequel tems M. Le Boiteulx, secrétaire général de l'artillerie, et en tout le ministre, logea chez ma sœur Mme Le Féron, ce qui nous rendit ce ministre tout à fait favorable, lui qui avant ne l'étoit guère. Il vint mesme voir ma mère à Saint-Sauveur et y resta quelques jours.

J'aurois du dans ce tems là me ménager le commandement en 3ᵉ de l'école de la Fère qui alloit vaquer, et que j'aurois obtenu si j'avois prévenu le secrétaire général et M. d'Aboville, et qui m'auroit bien mieux convenu que celui de Grenoble, mais je n'y songeai point. Je n'ay eu en ma vie d'autre politique que de demander toujours à servir en tems de guerre, et puis c'est tout, me laissans d'ailleurs aller au destin, sans rien demander, ce qui m'a fait échapper bien des choses.

Enfin je quittay la garnison de Ham, que j'avois eue près de deux ans, pour avoir celle de Saint-Quentin, le 1ᵉʳ mars 1730. M. de Saint-Périer, lieutenant général d'artillerie en Flandre, avoit demandé pour moy cette place, afin de m'y charger de la construction ou réédification de l'arsenal sous le vieux M. de la Rafinière. Le bâtiment alla assez mal parcequ'on voulut absolument que je fisse réédifier sur les vieux fondemens, et qu'on avoit d'ailleurs prêté cet arsenal pour y faire un grenier à sel, et qu'on voulut malgré cela se servir des anciennes briques gâtées par les salines.

Le 12 avril 1730, j'épousay, à Compiègne, Marie-Jeanne-Françoise Maresse, fille de feu Louis Maresse, escuier, commissaire des gardes du corps, et de Catherine Le Caron[1]. Louis Maresse était filleul du Roy Louis XIV et de la reine Anne d'Autriche, sa mère, et avoit été tenu par eux en personne dans la chapelle du château de Compiègne. Il étoit fils de Mathieu Maresse, escuier, porte-manteau du Roy, maitre des eaux et forest de Cézanne, et de Marguerite du Chesne, fils luy-mesme de Waleran Maresse, escuier, tué au siège d'Amiens.

Ma femme avoit vingt-trois ans et deux mois et moy trente-quatre ans et un mois. Nous nous mariames à la paroisse Saint-Jacques de Compiègne le lendemain des festes

---

1. Contrat du 3 avril 1730, reçu Poullelier, notaire à Compiègne.

de Pasques, et le contract fut passé chez Poultier, notaire. J'étois alors commissaire ordinaire et nos fortunes n'étoient pas bien brillantes. Ce fut M. de Villers Fransure et Mme Le Féron, ma sœur, qui firent ce mariage. Nous fusmes quelque tems après chez ma mère, à Saint-Sauveur, où se firent des festes, et les habitans furent en armes au devant de nous jusqu'à la forest. J'étois obligé d'aller de tems en tems à mon batiment de l'Arsenal de Saint-Quentin, ce qui me déplaisoit fort; je revenois tous les samedis et m'en retournois les lundis.

Le 3 ou 4 juillet de cette année, le Roy vint à Compiègne.

Après notre mariage, Mme Maresse, ma belle-mère, se mit en pension chez nous, ma femme avoit avec elle sa sœur, Mme de Beauval, et Monsieur. Pendant le voïage du Roy nous étions obligés de donner des repas aux officiers du Corps et à ceux de la maison de M. le duc du Maine, nous logeames quelquefois chez nous M. de Saint-Périer, lieutenant général, et M. Du Brocard, ce qui étoit un service, car dans ce temps des premiers voïages du Roy à Compiègne on ne trouvoit point à se loger.

En janvier 1731, je reçus des ordres pour aller commander l'école d'artillerie de Grenoble, je laissai ma femme à Compiègne.

Je retrouvay à Grenoble M. de Busagny qui y commandoit l'école en chef et que j'avois connu à Mézières et Charleville. M. Bailly [1] étoit en second et moi en 3e. Nous y avions le bataillon de Romilly de Royal-Artillerie, que j'avois connu à la Fère en 1720.

J'obtins un congé au mois de novembre 1731 et partis de Grenoble avec M. Seroux d'Agincourt, dit Saint-Christine, qui venoit d'y faire une belle fortune estant employé dans la réformation des eaux et forests du Dauphinez.

Je repartis pour Grenoble le 19 mars 1732, jour de ma nais-

1. *Bailly* (Georges), officier pointeur en 1704, brigadier le 20 février 1743, maréchal de camp le 1er mai 1745, lieutenant général le 10 mai 1748. Marié à Mlle Du Fresne dont il eut une fille, la marquise de Puisigneux.

sance : ce fut à peu près dans ce tems là que mon frère le chevalier fut nommé commandant en 3e de l'école de Strasbourg.

Ma femme accoucha d'une fille, à Compiègne, le 5 octobre 1732, qui fut nommée Marie-Josèphe-Catherine par M. Le Féron, mon beau-frère, et Mme Maresse, ma belle-mère, et qui fut Mme Du Passage.

Le roi Louis XV vint cette année encore à Compiègne et y resta depuis le 20 avril jusqu'au 1er juillet.

Je fus fait commissaire provincial, alors aïans titre de lieutenant-colonel, le 23 mars 1732, et commandant en second à la place de M. Bailly, qui eut le commandement en chef de l'école de Besançon, et M. de Guiol de Guiran eut ma place en 3e à Grenoble.

Cette ville étoit très coûteuse et très dangereuse pour le jeu et les femmes. Quoyque je n'eusse en 3e que 1 700 livres d'appointements et 1 900 lorsque j'étois en second, je vescus avec tant de conduite que je n'y ay point dérangez mes affaires, aïans la meilleure auberge avec les lieutenant-colonel et capitaines en 1er de Royal-Artillerie, donnans de tems en tems de grands repas au gouverneur et à M. de Borstel, lieutenant général d'artillerie, mais pas souvent, et prians toujours les officiers de l'école tour à tour, surtout quelques jours après que je les avois mis aux arrests.

Ce fut cette année que mourut M. Le Boiteulx, secrétaire général de l'artillerie, qui, après nous avoir bien négligés à la mort de mon père, tout d'un coup nous devint si favorable, à l'occasion des voïages du Roy à Compiègne, pendant lequel tems nous le logions. Il mourut d'apoplexie. M. de Gormond, son frère, luy succéda, et nous aimoit aussy beaucoup ; il avoit sous luy M. de la Rüe qui, après luy, fut secrétaire général. C'étoient ces Messieurs qui, sous l'authoritez du Grand Maître, disposoient alors de la fortune totale des officiers d'artillerie.

V

GUERRE DE LA SUCCESSION DE POLOGNE

CAMPAGNE DE 1733 EN ITALIE

Le Pelletier est nommé commissaire de parc à l'armée d'Italie et
M. Bailly, major. — Passage par le mont Genèvre et Suze. — Moustaches et bonnets à poil. — Siège de Pizzighettone; M. de Maillebois
à la tranchée, sa brusquerie. — Siège de Milan, feu meurtrier de
l'ennemi. — Coup de main manqué sur Bourgoforte, rappel du maréchal de Villars, son remplacement par les maréchaux de Coigny et
de Broglie. — M. de Saint-Périer, commandant en chef de l'artillerie,
et ses neveux.

Au mois d'octobre 1733, la guerre se déclara contre l'empereur qui s'étoit opposé à l'élection du roy Stanislas, père de
la reine, élu pour la seconde fois roy de Pologne par la plus
grande partie de la nation. L'empereur forma un parti qui
l'emporta sur celui de Stanislas et fit arriver au trône l'électeur de Saxe, quoyque le premier eut été proclamé dans toutes
les formes. Les troupes russiennes de la czarine entrèrent en
Pologne et Stanislas n'en avoit pas à leur opposer. Le Roy,
pour venger son beau-père, se lia avec le roy de Sardaigne et
le roy d'Espagne pour attaquer l'empereur en Italie, pendant
qu'une autre armée, commandée par le mareschal duc de
Berwick, fit le siège de Kehl où mon frère avoit une brigade
d'artillerie (12 octobre 1733), et ensuite celui de Philipsbourg,
où le mareschal fut tué, et celui de Trarback. Le prince Eugène

commandoit l'armée de l'empereur. Mon frère étoit major du corps de l'artillerie en 1734, sous M. de Vallière.

L'armée d'Italie fut commandée en 1733 par M. le mareschal de Villars, sous le roy de Sardaigne en personne. M. le marquis de Borstel [1] y devoit commander d'abord l'artillerie, mais M. de Saint-Périer [2], son ancien, ayant été nommé commandant en chef, M. de Borstel ne voulut point servir en second sous luy, se prévalant de ce qu'étant revêtu de la charge de 1er lieutenant général d'artillerie, il devoit avoir le commandement en cette qualité, comme l'avoit eu M. le marquis de la Frezellière. MM. de Vallière et de Saint-Périer étoient mareschaux de camp, et je ne me souviens pas que M. de Borstel fut mesme alors brigadier.

Quand il comptoit commander en chef, il proposa M. Bailly, le plus ancien des commissaires provinciaux, pour être major de l'équipage et moi pour être commissaire de parc, et la cour l'approuva. En conséquence, je préparay à Grenoble l'équipage de campagne de 20 pièces de canon de 4, aidé de M. Bailly, c'est-à-dire toutes les voitures et attirails et munitions en conséquence.

D'ailleurs cet équipage d'artillerie étoit composé en officiers de 4 brigades que commandoient MM. de Montlaur, de Clugny, moi et Sautray, auxquels, à l'arrivée de M. de Saint-Périer, furent ajoutés MM. de Sabrevois [3], neveu, et Labinon, protégé de ce général.

Nous partîmes le 1er novembre 1733 de Grenoble pour aller en Italie. Le bataillon de Laborie de Royal-Artillerie prit la petite route des Alpes avec M. Bailly, notre ancien, Montlaur

<hr>

1. *De Borstell* (Gabriel), brigadier le 1er janvier 1740, maréchal de camp le 2 mai 1744.

2. *Marquis de Saint-Périer* (César-Joachim), commissaire extraordinaire vers 1690, brigadier le 29 mars 1710, maréchal de camp le 1er février 1719, lieutenant général le 20 février 1734.

3. *Marquis de Sabrevois* (Henri), officier pointeur en 1710, brigadier le 2 mai 1744, maréchal de camp le 1er janvier 1748, lieutenant général le 1er mai 1758.

et Clugny, et je me trouvay commander le parc et obligé de prendre la grande route avec les voitures, ayant avec moi 200 hommes du bataillon commandés par M. de Miègemont, la compagnie d'ouvriers de M. Guille [1] et la compagnie de mineurs de Turmelée et un nombre d'officiers du corps.

A Lesdiguières, la chaussée se rompit, il fallut faire un chemin neuf. J'allay ensuite à Mont-Dauphin pour y prendre les 20 pièces de canon qui composoient notre équipage, mais estans près de Briançon je rencontray Sautray, mon cadet, je luy remis mon poste et passay outre, m'étant muni d'un ordre de M. de Borstel pour me décharger de cette conduite de voitures et artillerie, lorsque je trouverois sur ma route un commissaire provincial moins ancien que moy, pour pouvoir arriver plus promptement au siège de Pizzighettone qu'on alloit commencer.

J'arrivay ce jour-là à Suze, aïans passé le mont Genèvre. On m'y mena chez le gouverneur piedmontois, qui me dit qu'il avoit ordre du roy de Sardaigne de me faire prendre la poste aux frais du roy et à tous les officiers d'artillerie françois, pour se rendre en grande hâte au siège de Pizzighettone, ce que je fis et laissay mes chevaux attendre l'équipage qui venoit derrière, pour faire route avec luy. De Suze, j'allay à mon aise à Turin dans une cambiature ou cabriolet de poste, sans qu'il m'en coûtât autre chose que les guides. Mais à Turin, le commissaire françois qui était un difficultueux, me dit qu'il falloit épargner l'argent du roy de Sardaigne, que je n'aurois plus de chevaux de poste gratis à espérer, et que je fisse comme je pourrois. Je me trouvai donc fort embarrassé, ayans laissé mes chevaux en arrière. Mais M. La Pierre, trésorier de l'artillerie, me prêta les siens et son valet et reprit les miens lorsqu'ils passèrent pour nous rejoindre; on trouve peu de gens aussi officieux.

---

1. *Guille* (Jean), soldat en 1706, officier pointeur en 1713, brigadier le 1er janvier 1748.

Je pensai avoir une querelle à l'auberge avec un Genevois qui méprisoit fort nos grenadiers et nos soldats, parce que les premiers n'avoient pas de bonnets de peau d'ours, comme ceux de l'empereur, et qu'aucun n'avoit de moustaches. Je relevai cette parole d'un bout de la table à l'autre en luy demandant s'il n'avoit jamais vu de chats. Surpris, il me dit que ouy. — « En ce cas, lui dis-je, vous avez donc eu grand'peur, car les chats ont de plus longues moustaches que les grenadiers de l'empereur, et si le poil vous fait tant d'impression, celui des chats a dû vous paroistre bien redoutable. » Ce potentat de Genève se tut, rougit et baissa les yeux.

J'arrivay au bourg de Malet, près *Pizzighettone*, dont le siège venoit de commencer, et j'y retrouvai les officiers de ma brigade. Comme nos bagages étoient restés derrière et qu'ils n'arrivèrent qu'après le siège, avec le parc et l'équipage de campagne, nous n'avions rien au monde. Nous étions couchés sur la paille dans une masure toute découverte, près d'y être grillés par le feu de la cheminée qui étoit tout contre, n'ayant que la place de nous coucher tous sept sur le costé comme des harengs, sans sièges qu'un seul qui servoit de table, et un seul pot de terre pour faire notre soupe, le tout par un froid considérable et beaucoup de neige et de pluie.

Nous sortions de notre espèce de cachot pour aller en batterie, celles pour ruiner les défenses avoient été faites par M. de Gaudechart [1] et autres du régiment de Royal-Artillerie, qui étoient arrivés avant nous avec les drapeaux. Je tombai à la batterie qui battoit en bresche le bastion gauche de l'attaque de Gera, faubourg de Pizzighettone, de l'autre côté de l'Adda, qu'on jugea à propos d'attaquer avant la ville. La fortification en étoit bonne, il y avoit dans ses bastions des cavaliers parallèles aux faces et au flanc, ce qui fesoit un double feu partout, de plus un bon chemin couvert avec un fossez plein d'eau en avant, qui nous donna des difficultés

1. *De Gaudechart d'Henneville* (Louis-Antoine), sous-lieutenant dans Royal-Artillerie en 1705, brigadier le 20 mars 1747.

pour le passer avec notre canon. M. de Montlaur, fils de feu
M. de Sallière, lieutenant d'artillerie et brigadier, eut à faire
la batterie de l'autre brèche sur la droite. Il me fallut faire des
traverses de deux pièces en deux pièces, parce que j'étois
plongé par les cavaliers du bastion opposé, et élever mon
épaulement parce que je l'étois aussi par le cavalier du bastion que je battois. Je n'avois sur cette batterie de contres-
carpe que très peu de terre, mais je m'étois pourvu de beaucoup de fascines qui y suppléèrent. Je rehaussay la nuit avec
des fascines et piquets le haut de l'épaulement, les ennemis
qui remontoient la nuit du petit canon sur leurs cavaliers et
tiroient dans ma batterie, voïoient seulement dans l'obscurité
le haut de l'épaulement et leurs coups portoient bien par
dessus moy. D'ailleurs j'avois des fusiliers à droite et à
gauche de ma batterie qui leur tiroient à force dans leurs
embrasures. J'avois aussy placé des gens sur mes costés
pour observer si le mineur ennemi ne viendroit pas mettre le
feu à quelque fougasse et j'avois fait faire un puits pour
tâcher d'éventer la mine, dont le bruit sourd nous mettoit la
puce à l'oreille.

Une autre difficulté fut de faire passer aux pièces l'avant-
fossé quand il fallut les mettre en batterie. M. Guille, capitaine de la compagnie d'ouvriers, me fit faire un pont sur cet
avant-fossé, mais comme il étoit fort étroit, que la file des
bœufs qui traînoient notre gros canon de 24 étoit embarras-
sante, et que d'ailleurs il étoit nuit, M. Guille et moy et quelques officiers de ma brigade allâmes au devant de nos pièces
pour les recevoir et faire bien enfiler le pont par les bœufs,
et bien nous en prit, car à la batterie de Montlaur ils en culbutèrent trois dans le fossé qui étoit très profond.

Pendant que nous faisions cette opération en plain champ
et bien exposés sûrement aux coups de fusil, M. de Maillebois,
depuis mareschal de France [1], arriva dans ma batterie, et n'y

1. J.-B. François Desmarets, marquis de Maillebois, maréchal de
France en 1741.

voïant que quelques officiers qui y restoient, commença à me demander et à jurer contre moy de ce qu'il ne me trouvoit pas (car il étoit plus que colère). On luy dit que j'étois allé chercher mon canon, et en même tems il me vit arriver tenant le premier bœuf par la corne et le picquant d'une bayonnette pour conduire ma pièce moy-mesme en batterie, et bien exposé aux coups de fusil; pour lors au lieu de continuer sa gamme, il me loua bien fort et en dit de bonnes aux officiers qui n'étoient pas allés m'aider. Puis voïant un détachement du régiment du roy qui étoit assis dans un boyau de tranchée, il tança vivement le capitaine qui le commandoit. Mais je m'approchay pour luy dire que ce détachement s'étoit mis là par mon ordre, qu'il étoit pour travailler à ma batterie, mais que n'en n'aïans pas besoing dans le moment présent, je l'avois placé à l'abri, parce que le feu qu'on fesoit les auroit tous détruits avant que j'eusse pu m'en servir. M. de Maillebois fit quelque excuse au capitaine et applaudit à ma précaution et depuis il m'a toujours fait politesse et amitiez. Il faut avouer que c'étoit un homme bien brusque.

Je fus près de quatre jours en cette batterie-là sans fermer l'œil, aussy étois-je, sur la fin, ivre de sommeil, et ce n'est que n'en pouvant plus que je me couchois derrière les pièces au risque de me faire écraser par le recul, aimant mieux tout risquer que de rester droit sur mes jambes qui fléchissoient sous moy.

J'étois dans cet état quand Gera se rendit.

Il étoit dit dans la capitulation, qu'on rendroit Pizzighettone si le général qui étoit à Mantoue le vouloit. Les ennemis y envoïèrent un officier avec M. de Boissieux, neveu du mareschal de Villars, mais pendant ce tems, le siège continuoit du costé de Pizzighettone, c'est-à-dire sur l'autre rive de l'Adda. Pour moy, je fis, le long de la rivière, deux batteries pour attaquer le château où fut enfermé François Ier après la bataille de Pavie. Je me proposois de luy faire de bonnes brèches, mais la capitulation arriva. L'ingénieur qui commandoit dans

Pizzighettone s'appeloit Michel Pelletier, saxon, comme il est
écrit sur un marbre au-dessus de la porte de la ville, il étoit
général major et chef du génie dans tout le Milanois, on me
dit qu'il demanda si nous n'étions pas Allemans; je crois
plutôt que c'est luy qui étoit originaire François.

Le siège de Pizzighettone fini, l'armée alla faire celuy de
Milan. M. de St-Périer, notre commandant, nous rejoignit à
Milan; tous mes camarades qui étoient fâchés de n'avoir pas
pour chef M. le marquis de Borstel, ne le virent pas arriver
d'un bon œil, non plus que les officiers de Flandre et ses
neveux qu'il amenoit avec luy. Ils me raillèrent beaucoup de
ce que ce général usoit de la maison de ma mère à Compiègne
pour luy et ses équipages avec beaucoup d'aisance, et me
regardoit à peine en Italie. Ce qui acheva de révolter tout le
Corps, excepté les Flamands, c'est qu'il ne voïoit qu'eux et
ses neveux, et qu'il leur fesoit avoir les détachements qu'il
croyoit les plus honorables sans consulter le rang à marcher.
Mais il arrivoit tout le contraire de ce qu'il projetoit, il ne se
passoit rien où ils étoient et après, notre tour venant à marcher, nous nous trouvions en l'occasion, témoin la bataille de
Parme où nous fûmes Clugny et moy.

Le siège de la *citadelle de Milan* se fit du costé du faubourg
des Ortelans. Les officiers de ma brigade et moy étions logés
dans une belle maison de campagne un peu en arrière. J'eus
soin que les domestiques n'y fissent pas de dégâts, mais le
riche gentilhomme à qui elle appartenoit ne m'en sçut aucun
gré. Ces gens-là haïssoient extrèmement les François.

Nous ouvrîmes la tranchée par un brouillard des plus épais
qui nous couvrit presque tout le tems du siège, ce qui étoit
bien favorable à nos travaux.

Je tombay à faire ma batterie pour battre la face droite de
la demi-lune, et je commençois à avancer ma bresche. Au 3e
ou 4e jour, j'allois me reposer à mon quartier à mon tour,
aïans laissé les autres officiers se reposer avant moy, lorsque

M. des Combes, aide-major, vint me commander pour aller
achever la batterie de M. Labinon [1], dont les officiers avoient
tous été blessés à l'exception de M. d'Allard [2]. Je partis tout
de suite et allay rejoindre M. Guille, mon cher sous-brigadier,
qui étoit déjà arrivé à cette batterie.

Elle battoit en brèche le flanc gauche du bastion de droite,
ce flanc étoit à la Pagan [3], c'est-à-dire qu'il y avoit un double
flanc concave coupé, ce qui lui fesoit trois batteries, et il est
à remarquer que ce flanc étoit dans son entier, sans qu'une
seule pièce fut démontée. M. de Montlaur chargé de faire une
batterie pour ruiner la défense, au lieu de la placer derrière
un mur qui se trouvoit là, et qu'il auroit démoli, la batterie
étant établie, la plaça en avant de ce mur. Il ne put jamais
l'achever parce que les 10 ou 12 pièces de canon du flanc,
celles de la tour du château et de tous les ouvrages de ce costé
faisoient un feu terrible sans interruption. Il y eut un monde
infini du régiment du Roy qui y fut sacrifié et enfin elle fut
abandonnée. On peut donc juger de ce qui devoit en estre de
la batterie du chemin couvert qui étoit devant celle-là et bien
plus près des remparts. Aussy n'y restoit-il qu'un seul officier
de la brigade de Labinon qui ne fut blessé.

Quand j'entray dans ladite batterie j'y trouvay M. Guille
fort occupé à faire une traverse au milieu, pour s'épauler du
feu d'une des grandes tours qui nous plongeoient et qui ne
pouvoient être démontées que par les bombes; les murailles
de ces tours étoient de pierres dures comme de l'acier.

Je commençay par placer des sentinelles le long des branches du chemin couvert, je prolongeai le logement de ce
chemin que l'ingénieur avoit fait trop court, et nous travail-
lâmes toute la nuit à réparer nos embrasures, mais nous les

1. *De Labinon* (Louis-Joseph), brigadier le 1er mai 1745, maréchal de
camp le 10 mai 1748.

2. *D'Allart* (Hugues Charles), brigadier le 10 mai 1748.

3. *Pagan* (François, comte de), ingénieur et astronome, né près d'Avignon en 1604, mort en 1665, a écrit un *Traité des fortifications*: on a
encore de lui une *Théorie des planètes* et des *Tables astronomiques*.

quittâmes et masquâmes au jour, ne croïans pas qu'il fut possible de continuer. Cependant M. Bailly, notre major, vint à la batterie et voyant qu'on travailloit seulement au dedans, dit qu'il falloit travailler aux embrasures et que le roi de Sardaigne en donnoit l'ordre. Un brave canonnier luy dit qu'il le feroit, mais qu'il étoit sûr que personne n'y resteroit longtemps. M. Guille et moy allâmes nous-mesmes placer les canonniers et travailleurs dans les embrasures. Nous étions dans la 4e et dernière embrasure, quand tout d'un coup l'ennemi fit feu de tout le canon du flanc. Tout ce qui se trouva travailler dans les 3 premières embrasures fut tué au nombre de 10 ou 12 et entre autres le pauvre canonnier et, par un bonheur, aucun boulet ne perça dans l'embrasure où j'étois avec M. Guille. Bref le général de tranchée nous ordonna de remettre notre travail à la nuit.

Comme elle alloit commencer, on arbora le drapeau blanc et je vis paroistre un officier, chevalier de Malte, à qui j'allay parler sautant hors de la batterie pour m'approcher. Il me dit qu'il demandoit à capituler; je l'allay annoncer à M. le duc d'Harcourt, mais toute la tranchée étoit desja sortie dehors pour parlementer avec l'ennemi, on publia la suspension d'armes, et toutes hostilités cessèrent.

Sans cette capitulation nous eussions mal passé notre tems à cette batterie, car la place et son artillerie étoit dans son entier et nous auroit bien foudroyés.

M. de Saint-Périer avoit monté la tranchée en qualité de lieutenant général la veille de la capitulation, mais ce fut sous M. le duc d'Harcourt que la place se rendit.

Pendant le siège du château de Milan, M. le mareschal de Villars ne fesoit que donner des festes aux dames de la ville. Il s'avisa, avec son air fanfaron à l'ordinaire, de dire dans un bal : qu'il étoit bien vieux, ce jour là, mais que le lendemain il seroit encore bien plus vieux, car il auroit *Milan*. La nièce de M. de Visconti, gouverneur du château, luy dit : « Monsieur le Mareschal, vous avez bien peu d'idée de mon oncle, pour

avancer ce que vous dites ». Le mareschal fut surpris, mais
il lui dit : « Madame, je respecte M. votre oncle, mais il est
là à défendre une bicoque où il n'est pas possible que, tout
brave homme qu'il soit, il tienne plus longtems ».

Il étoit cependant vray que la place n'étoit point bicoque,
mais très bien fortifiée et que nous en eûmes bon marché,
les ennemis ne s'étant servi ni des mines qui étoient toutes
préparées, ni des bombes qu'ils avoient en abondance.

Ce fut pendant ce siège qu'on chanta dans la cathédrale
de Milan le *Te Deum* pour la prise du fort de Kehl en Allemagne, le roy de Sardaigne et le mareschal de Villars y
étoient dans une tribune à droite de l'autel. Dans ce tems là
il vint quelque boulet échappé de nos batteries du siège; les
principaux de Milan, tout effrayés, vinrent porter leurs plaintes
au roy, mais je vis que Sa Majesté et M. de Villars ne firent
qu'en rire, en assurant cependant à ces bons Italiens qu'on
y mettroit ordre. Cependant le lendemain, il y eut encore
quelques boulets échappés dans la ville. M. de Maillebois étoit
dans ma batterie, lorsque des aides de camp du Roy vinrent
me dire que cela n'arrivât plus. Je fis voir à M. de Maillebois
que je ne pouvois pas détruire une nouvelle batterie que fesoit
l'ennemi sans hasarder que quelques-uns de mes boulets
n'échapassent dans la ville; comme il étoit vif, il m'ordonna
de n'en pas moins tirer sur la nouvelle batterie des ennemis,
et vraysemblablement dit au roy ma situation et son ordre.

Le 1er jour de l'an 1734, je fus détaché de l'armée avec
10 pièces de canon, 50 canonniers et un détachement de la
compagnie d'ouvriers de Guille, pour aller sur l'Oglio sous
les ordres de M. de Broglie; les officiers qui étoient sous
moy étoient d'abord ceux de ma brigade, plus M. de la
Blachère, capitaine, de Cosne [1], aujourd'hui colonel, chef de
brigade, et Montalembert l'aisné.

Notre quartier général étoit à Bozolo : en y allant nous ren-

1. *De Cosne* (André-Claude), cadet aux gardes françaises en 1717, officier pointeur en 1719, brigadier le 25 juillet 1762.

contrâmes la garnison du château de Milan qui alloit à Mantoue, n'étant pas prisonnière de guerre, non plus que celle de Pizzighettone et d'autres places qui eurent toutes les honneurs de la guerre, et pour les avoir elles se rendirent plus tost.

M. le marquis de Rouvroy Sandricourt commandoit à Bozolo, où il y avoit le régiment d'Eu, puis après, celuy de Monconseil [1] et les dragons de la Reine. J'allay établir deux pièces de canon à Gazolo, qui est un bourg sur le bord de l'Oglio, et garday mes huit autres pièces à Bozolo, ou sur le bord de la rivière en avant de Saint-Martin de Marcaria. Comme nous étions très près de Mantoue et que les ennemis pouvoient nous surprendre aisément dans nos quartiers assez éloignés les uns des autres, d'autant que l'Oglio est guéable dans bien des endroits, nous étions très allertes et au premier coup de canon qu'on tiroit, on battoit la générale et de Bozolo on marchoit sur l'Oglio pour en défendre le passage. Ces allertes étoient extrêmement fréquentes, j'en ay veu jusqu'à trois dans un jour. M. de Broglie, qui tenoit son quartier général à Cazal Major, sur nos derrières, se moquoit de ces allertes de M. de Sandricourt, mais celuy-ci eut trop bien sa revanche lorsque M. de Broglie fut surpris sur la Seçia comme on le verra par la suite.

Au commencement de l'année 1734, j'eus des ordres pour aller trouver M. le mareschal de Villars à Colorne, c'étoit pour aller chercher à Parme l'artillerie nécessaire pour faire le siège de Modesne. Mais en arrivant à Colorne j'y trouvay tout en grandes inquiétudes, les ennemis étoient venus planter le may, le premier jour de ce mois, de l'autre costé du Pô, qu'ils avoient passé à Borgoforte, et avoient chassé tous les différents postes que nous occupions derrière cette rivière. Je me présentay pour prendre les ordres du mareschal, mais il n'étoit plus question du siège de Modesne, on me fit signe

____

1. Appelé depuis Beaujolais, aujourd'hui 74ᵉ d'infanterie.

de n'en point parler dans les circonstances. Je vis le mareschal se promener dans une salle en long et en large, très agité et très inquiet, déchirant ses manchettes, feignant de jouer au tric-trac avec l'intendant, puis jetant le cornet et les dés. Bref c'est une assez vilaine scène que de voir un général surpris se démesler.

Je remontay à cheval et m'en allay rejoindre ma brigade. Toute l'armée qui avoit repassé le Pô se rassembla sous Bozolo et le long de l'Oglio, laissant seulement des troupes à Saca et à Colorne. Quelques jours après, elle marcha sur deux colonnes pour passer l'Oglio, l'une par Saint-Martin de Bozolo, commandée par M. de Contades, et l'autre par Gazolo, que commandoient le roy et le mareschal. L'objet étoit de marcher vers *Bourgoforte* et de couper à l'ennemi le pont de communication sur le Pô entre Mantoue et lui. Nous marchâmes toute la nuit dans le plus grand silence, parceque nous passions tout près de Mantoue. Ce projet étoit beau, mais M. le mareschal de Villars s'étant trouvé mal et évanoui pendant très longtems par la grande fatigue qu'il eut à cheval à son grand aage, on s'en retourna sur ses pas et le projet eschoua.

Le mareschal pensa mesme être pris à la petite pointe du jour, par une grand'garde de cavallerie que commandoit un jeune seigneur allemand, beau blond, que je vis mort sur la place. Car les gardes du roy de Sardaigne, au premier « qui vive », ayant reculé, il s'en fallut très peu que le roy de Sardaigne et M. de Villars ne fussent enveloppés et menés à Mantoue. Mais deux compagnies de grenadiers arrivèrent très à propos pour les dégager, il y eut 80 à 90 hommes des ennemis tués avec le capitaine. Le jeune Allemand finissoit seul la guerre s'il les eut pris.

M. de Rasky, colonel d'hussards, s'empara bien de Bourgoforte, mais les ennemis se renforçant pendant le tems de l'évanouissement de M. le mareschal, le coup fut manquez, et en s'en retournant on perdit bien des soldats qui allant marauder dans les cassines, s'enyvrèrent et furent pris.

L'expédition manquée, M. le mareschal de Villars s'en
retourna à Bozolo et y reçut des ordres de la cour de revenir
en France. Je le vis monter en chaise, en disant adieu à
MM. de Contades et de Pezé : « Mes bons amis, je vous
reverray plus tost que vous ne croiez ». On dit que c'est qu'il
soupçonnoit ces messieurs d'avoir mandé à la Cour qu'il étoit
beaucoup tombé. Son projet sur Bourgoforte n'étoit pas
d'un radoteur, mais il déplaisoit au roy de Sardaigne par
le ton qu'il prenoit avec luy. Il n'alla pas plus loing que
Turin où il tomba malade, et l'on dit qu'il mourut dans la
mesme chambre où il étoit né, lorsque son père y étoit
ambassadeur.

Ce fut dans ce tems là que m'arriva mon espèce de querelle
avec M. de Saint-Périer.

Il est vray que tout le corps avoit lieu d'être mécontent de
luy. Il venoit encore de détacher M. de Labinon, son protégé, pour couler à fond des galiotes qui voguoient sur le Pô,
quoyque ce ne fut pas son tour d'être détaché. En toute occasion il en fesoit de même pour les officiers qu'il avoit amenés
avec luy de Flandres, mais ce qui affligeoit le plus le corps,
c'est que M. Bailly, aïant été fait lieutenant d'artillerie à
l'occasion de la retraite de M. de la Chaubruière[1] et commandant en 3ᵉ de l'équipage, on sçut que M. de Saint-Périer avoit
demandé la Majorité de l'équipage pour M. de Mouy[2], neveu
de sa femme, bien qu'il ne fut que des derniers commissaires
ordinaires, ce qui arrestoit l'avancement de chacun.

Nous avions avec nous M. d'Albert, commissaire provincial, à qui cela fesoit tort : il ameuta tous les officiers et ils
écrivirent à M. le duc du Maine. Je n'étois en rien de cette
émeute et ne me suis jamais trouvé dans leurs assemblées.
Cependant, un beau jour que j'évitois à l'ordinaire M. de

1. *La Chaubuère* (Alphonse *de Lestenon de*), brigadier le 20 février 1734.
2. *Ansard de Mouy* (Pierre-François), aide de parc en 1720, brigadier
en 1748, mort lieutenant général en 1771.

Saint-Périer, dont j'étois peu content, et que je me promenois
à l'écart, j'entendis tout d'un coup du bruit derrière moy :
c'étoit M. de Saint-Périer qui reprochoit à ces Messieurs
qu'ils avoient écrit contre luy à la Cour. Ils luy répondirent
qu'il étoit juste qu'ils empeschassent qu'il leur fît tort en
nommant M. de Moüy à la Majorité, lorsqu'il en étoit éloigné
par son grade inférieur et son peu d'ancienneté. M. de Saint-
Périer répondit que c'étoit parce qu'il avoit un mérite supérieur qu'il le proposoit. M. d'Albert répondit qu'il ne luy en
connoissoit pas d'autre que d'estre le neveu de sa femme. Le
général, étourdi de la réponse sèche du Provençal, dit pour
espèce d'excuse que personne des commissaires provinciaux
ne vouloit de cette charge, et m'apercevant dans le moment il
dit : « Demandez à M. Le Pelletier que voilà, s'il en veut ».
Ho alors! la Picardie me monta à la teste et sans luy manquer
de respect, je luy en dis assez pour luy faire voir tout mon
mécontentement, vu que cet employ mesme m'étoit promis
par M. le comte de Borstel, après M. Bailly, s'il eût commandé
l'équipage. M. de Saint-Périer n'eut rien à répondre, mais
croiant que je devois estre de ceux qui avoient écrit au sujet
de la Majorité, il s'imagina d'écrire contre moy à M. le Secrétaire général, en disant cependant que j'étois un bon officier,
mais que je venois de prendre un travers contre luy.

Je m'en doutay et manday mon soupçon à ma femme qui
étoit à Paris. Elle fut chez M. de Gormond qui luy dit que
M. de Saint-Périer avoit écrit contre moy pour qu'il montrât
la lettre au Prince, mais qu'il n'en feroit rien, que le général
étoit injuste de vouloir faire passer ses neveux devant tout le
monde : il promit de penser à me retirer de tout embarras et,
effectivement, je passay l'année d'ensuite à l'armée d'Allemagne où je fus fait commissaire du parc d'un équipage de
120 pièces au lieu de 20 en Italie. Ainsy, sans le vouloir, le
général avoit contribué à mon mieux être. Ce que je ne renou-
velle icy que pour faire voir qu'il ne se faut pas désoler lorsqu'on nous dessert à la Cour sans l'avoir mérité.

VI

CAMPAGNES DE 1734 EN ITALIE

ET DE 1735 EN ALLEMAGNE

Combat de Colorno, mort de M. de Montlaur. — Bataille de Parme,
mort du général de Mercy. — L'armée française est surprise à la
Sesia; la *casquette* du maréchal de Broglie: Le Pelletier sauve tout
son canon; retraite, fatigues et privations. — Bataille de Guastalla,
brillante charge de la cavalerie française, anecdotes. — Le Pelletier
est nommé commissaire de parc à l'armée d'Allemagne. — Le camp
de Dalheim. — La paix. — Acquisition du fief de Liancourt; naissance d'Auguste-Louis-Michel (1735) et d'Antoine Le Pelletier (1738).
— Une note de chirurgien en 1738.

L'armée resta quelque tems cantonnée sur l'Oglio, puis les
ennemis s'étant emparés de Colorne, maison de plaisance des
ducs de Parme, on alla la reprendre sous les ordres du roy de
Sardaigne, et sous luy MM. de Coigny et de Broglie [1], qui
furent faits mareschaux de France.

Les ennemis qui avoient pris ce château avec peine y aïant
perdu M. de Ligneville, jeune seigneur lorrain desjà de grande
réputation, quittèrent ce poste assez légèrement. Ce fut à
cette attaque que nous perdîmes M. de Montlaur, qui eut fait
le plus grand chemin dans l'artillerie. Ce fut bien par sa faute.

1. François de Franquetot, duc de Coigny, né en 1670, et François-
Marie, duc de Broglie, né en 1671, tous deux mareschaux de France en
1734.

La veille de cette affaire, il me persécuta pour faire des gargousses de papier pour notre canon. Nous n'avions pas de colle pour les coller, malgré cela il s'obstina à rouler du papier sur des refouloirs, pour former ces gargousses. J'eus beau luy dire que n'estant pas collées, la poudre s'échapperoit, il s'entesta à en faire ainsy, et j'eus la complaisance avec M. de Villepatour[1] qui étoit alors un enfant, d'y travailler, me promettant bien de ne m'en pas servir. Le lendemain il voulut en user, son canon étoit placé dans une cour où il y avoit beaucoup de paille, il tiroit sur le château. Il tomba de la poudre sur la paille, et sur des lambeaux des papiers des gargousses qui étoient encore allumés, de sorte que M. de Montlaur voulant mettre luy-même une cartouche mal faite ou déjà dérangée, comme je le luy avois prédit, elle prit feu, et la flamme entrant par la respiration causa sa mort. Baratier[2] fut aussy blessé de cette même avanture. Je n'eus que le tambour de mon détachement de blessé dans l'attaque. M. de Sabrevois[3], commissaire provincial, tira avec beaucoup de succès en cette occasion dans un jardin où des troupes étoient en bataille.

Les ennemis ayant abandonné Colorne, je fus un des premiers qui y entrèrent, je montay vite au haut d'une des 4 tours de ce château et rapportay les mouvements des ennemis.

Avant de quitter ils avoient mis une teste de carton de leurs machines d'opéra au bout d'une pique, avec cette devise : « Visage de bois ».

C'est une belle maison où il y avoit bien des curiosités, surtout une grotte où plusieurs cyclopes battoient du marteau continuellement, par le moyen de poulies mises en mouvements par des conduits d'eau. Au lieu de bosquets de char-

---

1. *Villepatour* (Louis-Philippe *Taboureau de*), élève à Besançon en 1733, brigadier le 10 février 1759, maréchal de camp le 20 février 1761, lieutenant général le 1ᵉʳ mars 1780.

2. Dupont de Baratier. Voir *Mémoires d'artillerie* de Saint-Remy, t. I, p. 317.

3. Marquis de Sabrevois (Henri). Voir p. 46.

mille, ce sont des orangers. Mais rien de plus triste que de voir les désolations que l'ennemi fit dans le château et dans le bourg que je ne pouvois reconnoistre de ce que j'avois veu quelques jours avant.

Il est encore à dire que c'étoit la 3ᵉ fois en peu de jours que ce château fut attaqué ; M. de Ligneville y étoit entré par une trouée qu'il avoit faite aux murs du parc. Il étoit alors défendu par des miliciens tout nouvellement arrivés de France pour recruter les régiments. On eut toutes les peines du monde à les faire retirer, tant ils trouvoient drosle de tuer, des fenestres du château, quantité de monde qui marchoient en colonne sans tirer.

Quant à cette attaque dernière par nous, on la trouva mal conduite. On y marcha par colonne, on oublia qu'il y avoit un fossé, sur lequel il y avoit à la vérité un pont de pierre, mais les ennemis y avoient fait une barricade et des traverses. La colonne arrivée sur une place qui étoit en avant se forma en ligne et tira dans les croisées du château. Les ennemis qui étoient aux fenêtres, couverts seulement de matelas, tables ou autres meubles, ne purent d'abord soutenir le feu de nos soldats qui avoient mis un genou en terre. Mais la poudre manqua aux François, on les fit retirer par un *à droite*, alors les ennemis les tirèrent en dos, et en tuèrent tant qu'ils voulurent, jusqu'à ce que nos troupes fussent hors de portée. Il y avoit un prestre dans le clocher qui nous tua une quantité de monde. Le lendemain les ennemis évacuèrent sans souffrir d'autre attaque.

C'étoit M. de Mercy qui commandoit l'armée de l'empereur, très bon général. Il se campa ensuite un peu en arrière de la petite rivière de Colorno, assez difficile à franchir, et peu à peu levant son camp sur sa gauche du costé de Parme il passa le Colorno au-dessus de Parme et nous vint donner la bataille. Pour nous, nous restâmes en deçà du Colorno, jusqu'à ce que nous marchâmes tout à coup du costé de *Parme*, le jour de la St-Pierre. L'artillerie fut partagée par brigade à chaque brigade d'infanterie, je tombay à la brigade de Champagne que commandoit M. le marquis de la Chastre, qui y fut tué. Nous ne nous attendions nullement à rencontrer l'ennemi, on mit l'armée en bataille le long de la chaussée du faubourg de la Croisette et M. de Cadrieux, qui étoit allé en avant pour reconnoistre l'ennemi qui arrivoit sur nous, prit la précaution de s'emparer des maisons, autrement dites cassines, qui étoient en avant de la chaussée, de les créneler et d'y mettre de bons picquets d'infanterie. C'est à cette seule disposition de M. de Cadrieux qu'on dubt le gain de cette bataille, car le feu de toutes ces cassines incommoda bien l'ennemi.

M. de Mercy, sachant que le commandement de l'armée alloit lui être retiré, voulut hazarder une bataille, disant qu'il aimoit mieux, en ce jour, avoir une balle dans la teste qu'une once de chagrin sur le cœur, et effectivement il y fut tué. Mais d'ailleurs son dessein étoit bien concerté, car si le hazard ne nous avoit pas fait avancer le jour de St-Pierre de ce costé là et que M. de Mercy eût pu s'emparer du pont de Saca où étoient tous nos vivres et nos munitions de guerre, il nous mettoit dans le cas de capituler si nous n'avions pu luy passer sur le ventre.

Notre armée se mit donc en bataille le long de la chaussée du faubourg de la Croisette, elle s'appuïoit sur le chemin de Crémone et au carrefour des chemins de Modène et de Crémone, la brigade de Champagne étoit à la gauche de Picardie tirant du costé de Parme, les cassines en avant occupées par des picquets d'infanterie. La cavallerie étoit derrière ces brigades dans une prairie. La brigade d'artillerie de Clugny étoit à la droite de Picardie, et la mienne à la queue de Champagne, mais toutes deux sur la chaussée. M. de St-Périer, allant nous placer, eut un cheval de main tué à costé de luy.

J'aperçus, sur les 10 ou 11 heures du matin, les ennemis qui marchoient à nous en front de bandière à l'abri d'une haie vive, qui nous étoit parallèle, et je commençay à tirer de toutes mes forces. Le bataillon de Royal-Artillerie étoit un peu derrière moy. M. de Laborie [1], lieutenant-colonel qui le commandoit, cria que je tirois ma poudre aux moineaux, je lui répondis que c'étoient des moineaux que je voyois bien, et que bientôt il les verroit aussy, ce qui arriva un instant après, quand les ennemis se montrèrent au bout de la haye. Si tost qu'ils parurent les brigades de Picardie et de Champagne firent leur décharge et les ennemis la leur.

Comme on n'avoit point laissé d'intervalle derrière nous, nous étions entre le feu de l'ennemi et celui de nos troupes. Si ces dernières avoient tiré à hauteur, il n'y eut pas eu un seul homme de ma brigade qui n'eut été touché, mais heureusement elles tiroient si haut qu'on voïoit les balles porter dans les branches des noyers qui étoient devant nous, quelques-unes cependant frappèrent contre nos canons et affûts. Comme la position n'étoit pas tenable pour nous, on ordonna à la brigade de Clugny et à la mienne de se retirer entre deux décharges et de regaigner le parc d'artillerie sous les murailles de Parme. J'allay trouver MM. les mareschaux qui étoient sur la chaussée, pour les prier de permettre que je ne quittasse pas la partie et que je me plaçasse entre une maison et un pont gardé par le bataillon de M. de Laborie.

Nous tirâmes nos pièces à bras du premier emplacement au second. J'avois avec moy M. de Soucy, capitaine détaché, Le Blanc, Boilleau de St-Pau, St-Michel de Royal-Artillerie, et St-Hilaire.

Les ennemis s'étant formés en colonne, culbutèrent les picquets qu'on avoit mis en avant du fossé et qui, se repliant sur moy, nous emportèrent assez loin avec les deux mareschaux qui étoient derrière ma batterie. Ce flot cessé, nous regagnâmes vite nos pièces et tirâmes de plus belle avec tout

1. *De la Borie*, sous-lieutenant aux fusiliers en 1687, brigadier le 1ᵉʳ mars 1738.

le succès possible, comme on le vit bien le lendemain sur le champ de bataille.

Quelques moments après, je vis la teste de la colonne ennemie passer la chaussée et criai à mes canonniers de redoubler le feu.

Si cette colonne, qui perça la brigade de Champagne, avoit été soutenue, la bataille étoit perdue. Je ne sçais comment il arriva qu'il n'y passa que 1 200 ou 1 500 hommes, je crois qu'ils ne furent pas soutenus parce que peut-être le général Mercy fut tué dans ce tems là. Si ce fut d'un coup de canon, ce ne put être que de ma batterie, car il n'y eut qu'elle qui tira ce jour là.

En vérité je n'ay jamais pu comprendre comment on ne sçut point faire usage de 15 piéces de canon qui restèrent au parc à 100 pas de la bataille, on les eut fait passer le long d'un large fossé qui fesoit l'appui de la droite des ennemis et elles eussent pris toute leur armée en flanc comme à Dettinge, mais la longue paix avoit fait oublier la guerre. Je l'avois proposé, mais on ne fit pas semblant de m'entendre.

L'action dura depuis 11 heures du matin jusqu'à 9 heures du soir, les armées ne firent aucun mouvement excepté ce qui a été dit de cette petite colonne et la journée se passa à se fusiller, ce qui fit périr bien du monde, ce n'étoit que morts et blessés.

Mon cousin, M. Boilleau [1] de Saint-Pau, qui étoit à ma brigade, voïant que toutes les troupes, manquant de munitions, couroient à ma batterie pour avoir de la poudre et des balles, et que je n'en avois plus à donner, me proposa d'aller en demander au gouverneur de Parme, car notre gros parc étoit resté au pont de Saca. Avec l'autorisation des mareschaux il y alla, et fit tant par ses séduisants discours qu'après mille refus, il en obtint et en rapporta, ce fut un grand service qu'il rendit.

---

1. Fils de Lucrèce de Grésillemont.

M. le mareschal de Coigny fut légèrement blessé d'une
balle qui me passa sous le nez.

A 9 heures du soir, le feu cessa, l'ennemi s'étant retiré peu
à peu, sans qu'on fît aucun mouvement pour le pousser. J'envoyai chercher mes chevaux pour ramener mes pièces, mais
on ne put en trouver que 8 ou 10, le reste avoit été tué quand
la colonne ennemie passa la chaussée, encore la moitié de
ceux qui restoient avoient des balles dans le corps et tombè-
rent morts en arrivant au parc.

Toute l'armée passa la nuit sous les armes sans sçavoir si
on avoit gaigné la bataille ou non. Deux patrouilles, l'une
piedmontoise et l'autre françoise, s'étant rencontrées dans
l'obscurité, se croyant ennemis se tirèrent, et toute la ligne
fit sa décharge sans sçavoir pourquoy. Le roy de Sardaigne
arriva le lendemain et étoit fort courroucé de ce qu'on ne
l'eût pas averti de cette bataille, on luy fit connoistre qu'on
ne s'y attendoit aucunement. On reconnut le lendemain que
l'ennemi s'étoit retiré du costé du pont de Borgoforte, on y
envoïa quelques troupes à sa poursuite, mais il étoit déjà
bien loing. L'on chansonna les généraux en disant que, sans
songer à rien, ils suivoient le grand chemin, gaignèrent la
bataille, puis enterrèrent les morts le lendemain. Cela étoit
très vray et qu'on ne poursuivit pas la victoire.

De Parme nous marchâmes à Guastalle. Ensuite nous
allâmes camper le long de la Sécia, le quartier général étant
à Saint-Benedict. Les ennemis étoient à Revere. M. de Koni-
seck commandoit leur armée qui se rétablit en peu de tems
de l'échec de Parme.

Ce fut dans le camp de la Secia que je reçus la croix de
Saint-Louis de M. le mareschal de Coigny; je fus le premier
chevalier de Saint-Louis du Corps, fait dans cette guerre là.

La gauche de notre armée, que formoient les Piedmontois,
étoit appuyée sur le Pô, le centre étoit au village de Guistel,
que fortifia comme il put M. Robert, lieutenant dans Picardie,

aujourd'hui commandant à Toulon. Ce fut ce travail qui le fit
connoistre et causa son avancement. La droite de l'armée
étoit à un hameau où fust logé le mareschal de Broglie, la
cavallerie étoit campée de ce costé là et formoit une partie de
notre droite. La difficulté des fourrages fit qu'on renvoya
presque toute la cavallerie, à l'exception du régiment de Chepy
et des dragons de... qui furent cantonnés sur nos derrières du
costé de Guastalle, ce qui dégarnit toute cette aisle droite et
y laissoit un vuide très considérable. Les ennemis en profitè-
rent et partant de leur camp de Revere et de Guiagentinolli,
marchèrent de nuit, passèrent à gué la *Secia* et vinrent enlever
la garde du mareschal de Broglie, qui se sauva de chez luy
par une porte de derrière avec ses enfants, sans perruque,
ayant un petit bonnet blanc et un vieux chapeau par-dessus,
en pantoufles et sans collet. Et cependant je ne l'ai jamais vu
si grand que ce jour là pour faire marcher les troupes, pour
estre actif et se porter de tous les costés. Il ne s'en fallut
guère dans le premier moment qu'il ne fût pris. Les ennemis
culbutèrent la brigade de Dauphin qui se trouvoit réduite à
peu de chose par la quantité de travailleurs qui étoient hors
du camp, puis marchèrent sur les brigades voisines dont cinq
se rassemblèrent pour leur faire teste, sçavoir : Champagne,
Auvergne, le Roy, Dauphin et la Reine ou Souvray. Celle de
Picardie, le régiment de Chepy-Cavallerie et les houzards de
Rask aïant été séparés de l'armée se retirèrent sous Guastalle.

La brigade d'artillerie de Clugny étoit sur la chaussée, à
droite de Guistelle, et la mienne étoit à la gauche aussy sur
la chaussée, nous n'avions ordre d'y laisser qu'un officier la
nuit, de sorte que ce jour là j'étois allé me coucher dans ma
tente, mais par ma vivacité ordinaire, aïant entendu tirer
quelques coups de fusil du costé de M. de Broglie, l'inquiétude me prit, je m'habillay et fus droit à ma batterie. En passant à celle de Clugny, comme le feu redoubloit à la droite,
je jugeai convenable de faire tirer les coups d'allerte, et en
arrivant à ma batterie, je continuai à toujours faire tirer quel-

ques coups à poudre de distance en distance. Le roy et les généraux vinrent à ma batterie et me dirent pourquoy je tirois n'aïant pas d'ennemis alors devant moy. Je leur dis que c'étoit pour faire revenir nos chevaux d'artillerie qui étoient à la pâture à 2 lieues de là peut-être et que si j'eusse cessé, les charretiers auroient cru que c'étoit quelque houzarderie et ne branleroient pas. Ils m'approuvèrent, et je crois effectivement n'avoir pas rendu un si léger service dans ces circonstances de faire revenir nos chevaux en toute hâte.

Peu après un corps considérable d'ennemis vint masquer Guistelle où nous avions des picquets de toute l'armée. Je fis tirer mes 5 pièces de canon à la fois, chargées de 2 boulets, dans une trouée vis-à-vis de laquelle passoit une troupe dorée, ce qui fit faire un écart considérable à cette troupe dont plusieurs furent tués, et entre autres (à ce que l'on dit) un prince de Waldeck. Mais en mettant deux boulets dans les pièces, il en creva une par la volée.

Le nombre des ennemis arrivant en ordre de bataille s'augmentant toujours, nos 5 brigades se retiroient du costé de larges fossés derrière lesquels notre armée se reformoit. Nous abandonnâmes ainsi notre camp, laissant nos tentes et nos équipages. Tout fut pillé, heureusement un domestique m'amena mes chevaux de selle à ma batterie.

Nos troupes se retirant toujours me passèrent, et j'étois à 500 pas d'elles, lorsqu'enfin mes chevaux pour le canon arrivèrent, je ne perdis pas de tems à faire atteler et à faire ma retraite. Tous les officiers vouloient que je prisse le grand chemin, je décidai que j'en prendrois un autre que j'avois reconnu selon ma coutume, en établissant ma batterie. Cette précaution sauva mon canon, car le sieur Le Blanc et le baron de Saint-Michel aïant voulu aller par le chemin qu'ils indiquoient, le premier fut pris prisonnier et l'autre, qui étoit à cheval, n'eut que l'instant de nous rejoindre. Le chemin par où je me retirois étoit couvert par des jardins qui me cachoient et j'entray heureusement derrière les trois fossés où l'armée se rassembloit, d'où je vis piller ma tente, mes équipages et ceux de l'artillerie et le parc. Il est dit, dans un livre qui est intitulé « La Guerre présente de 1733 », que les ennemis nous prirent 75 pièces de canon ; or il n'y en avoit, avec les Piedmontois, que 50 en total, et je puis protester que les ennemis n'en prirent pas une seule, mais bien le parc d'artillerie où il n'y avoit que des outils et munitions et des pontons de cuir de bœuf.

Le lendemain on se canonna le matin, et les ennemis firent la plus lourde faute de nous tenir face. Ils devoient envoyer la nuit un gros corps sur Saint-Benedict et s'emparer du quartier général où étoit le roy et nous enfermer dans nos fossés où nous n'avions ny pain ny fourrage ; il eut fallu capituler et la guerre étoit finie. Mais l'ennemi voulant percer par une colonne le long de la Secia, nous tirâmes sur la teste de cette colonne que formoit un régiment habillé de blanc et rouge, et ils furent obligés de reculer, ce qui donna la facilité à toute l'armée de se retirer sur Saint-Benedict, puis sur Guastalle, où étoit notre cavallerie, dont quelques régiments vinrent nous rejoindre la nuit.

M. de Maillebois fit l'arrière-garde, fut souvent attaqué, mais ne se laissa pas pénétrer. Nous marchâmes toute la nuit, l'armée mourant de faim ; l'artillerie fit une petite halte pour faire boire les chevaux dont la plupart moururent en chemin, n'en aïans plus que deux au plus sur chaque pièce et voiture. Pendant que l'armée défiloit toujours, je ne sçais comment cela se fit, mais tout le monde s'étoit endormi de fatigue, charretiers et soldats. Cependant l'arrière-garde, commandée par M. le marquis d'Avaray, colonel de Nivernois, commençoit à défiler. Lorsque je m'en aperçus, j'allay à M. d'Avaray pour le prier d'arrester un peu, il le fit et nous réveillâmes tout notre monde à coups de fouet et nous mismes en marche. Il est sûr que si nous avions laissé passer l'arrière-garde, l'ennemi, qui la suivoit, avoit bon marché de tout l'artillerie.

Nous arrivâmes à Guastalle à 7 heures du matin, je fesois

l'avant-garde ; la première chose que je fis fut d'aller achepter du pain et d'en remplir mes poches et celles de mon domestique et de manger et de boire. Je mourois d'inanition, il y avoit 48 heures que toute l'armée n'avoit mangé. Puis j'allay achepter une redingote, n'ayant sur moy qu'une veste de bazin et un habit uniforme en camelot, c'étoit la 13e de 14 qui venoit de se vendre. N'aïant d'ailleurs ni tente ny marmite, ainsy que la plus grande partie de l'armée, je fus 10 à 12 jours dans cette misère, et les nuits sont froides dans ce païs là.

Nous couchions toujours au bivac depuis la retraite de la Secia et toujours en bataille, les ennemis poussant leur avantage avançoient sur nous.

Il y avoit un pont sur le Pô au-dessus de *Guastalle*, dont la teste étoit fortifiée par un ouvrage à corne qui n'étoit pas alors complètement achevé.

Le dimanche 19 septembre 1734, les ennemis, commandés par M. de Konisseck, vinrent nous attaquer. Comme on avoit couché sur le champ de bataille, on rectifia sur la pointe du jour les positions. La cavallerie de l'aile gauche étoit entre une chaussée et le fleuve, dans une petite plaine en avant de l'ouvrage de la teste du pont. L'infanterie au centre, et la cavallerie de la droite suivoit après, mais elle ne fit rien. On en sortit des régiments ainsi que de l'infanterie de la droite, pour renforcer notre gauche contre laquelle l'ennemi portoit toutes ses forces. Il y avoit 4 brigades de canon dispersées à la teste de la ligne, la mienne étoit tout à fait sur la gauche, près du Pô, et eût été plus avantageusement placée, si le commandant en second qui étoit là, m'eût voulu laisser avancer, parce qu'aïant été reconnoistre de près un régiment qui terminoit la droite de l'ennemi et qu'on avoit placé dans un petit bois pour prendre le flanc de la cavallerie, j'aurois pris cette troupe en flanc et l'aurois bien incommodée. Mais apparemment qu'on vouloit réserver ma brigade pour la défense du retranchement. Je ne laissay pas d'envoyer à cette troupe quelques coups de canon dans l'éloignement. Mais j'étois au désespoir qu'on ne voulût pas me laisser profiter d'une si belle occasion[1].

Les ennemis avoient avancé un picquet d'infanterie dans un bateau qui étoit à sec sur le bord du fleuve et qui fusilloit à l'aise les carabiniers. Mais M. de Bouvet, capitaine de carabiniers, mit pied à terre avec une partie de ses soldats et alla égorger tous ces gens là dans leur bateau et par là se délivra d'eux le sabre à la main. Ils puoient l'eau-de-vie à l'outrance, prisonniers et morts. Les carabiniers et les dragons d'Armenonville arrivoient de l'aisle droite.

Dans ce tems là, notre cavallerie de l'aisle gauche qui n'étoit que de 14 escadrons, presque tous régiments gris, culbuta par 2 ou 3 fois celle des ennemis qui étoit nombreuse du double, et tous cuirassiers de l'empereur. Leurs généraux, avant l'affaire, leur avoient ordonné de faire le mouvement d'aiguiser leurs sabres, pour nous donner de la terreur. Un colonel de notre cavallerie pour y répondre ordonna à sa troupe de tirer leurs peignes de leurs poches pour ajuster leurs cheveux.

Je ne crois pas qu'il puisse se faire un plus beau spectacle que celuy de notre cavallerie, qui plia celle de l'ennemi en très peu de tems, quoyque moins nombreuse de moitié.

Je remarquay que ce qui causa la perte des cuirassiers de

1. M. de Moüy a mis dans ses Mémoires que si on eût fait passer du canon sur l'autre rive du Pô et si on l'avoit placé à hauteur de la ligne des ennemis pour les prendre en flanc, on eût eu, à la bataille de Guastalle, l'avantage que M. de Vallière avoit eu à l'affaire du Mein, si on l'eût laissé faire. Je luy demande d'où l'on auroit pu tirer ce canon, car il falloit du 24 pour traverser le Pô qui est très large. Cela étoit donc impossible, puisqu'il auroit fallu en faire venir de très loin, des places fortes, et que l'ennemi ne nous eût pas donné le tems. Il eût pu mieux trouver en disant qu'à la bataille de Parme nous avons eu la mesme situation que M. de Vallière sur le Mein, le long de ce large fossé dont je parle cy-dessus. Ce fut là qu'il devoit donner son conseil à M. de Saint-Périer, comme je le fis alors. — Qu'on y prenne garde, il est peu de longues guerres, où il ne puisse se trouver l'occasion de prendre l'ennemi en flanc dans les situations de rivières sinueuses entre deux armées. (Note de l'auteur des *Mémoires*.)

l'empereur, c'est qu'en se mettant en bataille, ils se serrèrent trop près et n'avoient point laissé d'intervalle entre les escadrons et que notre cavallerie en avoit beaucoup et pouvoit faire facilement ses caracoles et mouvements.

Les cavaliers qui avoient leurs chevaux tués, venoient rejoindre l'infanterie et demandoient un rang dans le bataillon. On ne vit jamais tant de bonne volonté. On dit qu'un cavalier picard qui n'avoit encore jamais veu le feu, demanda à son capitaine ce qu'il falloit faire le jour d'un combat. Il luy dit qu'il n'avoit qu'à s'avancer dans la troupe de l'ennemi et à donner force coups de sabre de tout costé. Mon Picard n'oublia pas le commandement, il s'enfonça dans les escadrons ennemis et frappoit en sourd à droite et à gauche, tournant la teste vers son capitaine en luy criant : « Mon capitaine, fesons-je ben? — Oui, lui répond-on, va toujours ton train. » Ce qu'il fit et très bien.

Je remarquay encore que ce qui contribua à l'avantage de notre cavallerie est qu'elle chargea sans tirer un coup de pistolet ni de carabine, au lieu que l'ennemi fit sa décharge de ces armes à feu qui surprit et ébranla ses chevaux, et nos cavaliers percèrent, le sabre à la main, les chevaux ennemis étant déjà à moitié retournés pour fuir.

Du costé de l'infanterie, il y eut quelques régiments qui plièrent assez honnestement, sur ce que s'étant un peu débandés pour poursuivre les ennemis qui fesoient déjà leur retraite, ceux-ci lâchèrent une trentaine de volontaires cavaliers qui à toute bride entrèrent pesle-mesle dans cette troupe et y causèrent de la confusion. Ces régiments avoient déjà beaucoup gaigné de terrain par derrière, lorsque je vis un officier major monté sur un petit cheval, qui crioit de toute sa force aux drapeaux d'arrester, et qui prenant par le dos un tambour, l'arresta par sa caisse et le fit rappeler; d'autres tambours se joignirent à luy et rappelèrent aussy, la troupe éparse s'arresta à ce bruit de tambour, puis fit volte-face et marcha sur le champ reprendre son poste. Tant il est vray qu'il ne faut qu'un rien pour gaigner une bataille ou pour la perdre. — J'ai oublié de dire qu'à la bataille de Parme un cri de « vive le Roy » comme on étoit ébranlé, lorsque la colonne ennemie perça, rassura tout le monde, et empescha la retraite que plusieurs vouloient faire. — Enfin les ennemis se retirent à Luzara et nous passâmes la nuit sur le champ de bataille.

Le lendemain 20 septembre, on alla camper en avant de Luzara où j'entray. Le gentilhomme chez qui notre général logea nous dit que M. de Konisseck ne pouvoit se consoler de ce que 14 escadrons gris françois en avoient battu 18 des cuirassiers de l'empereur.

Nos généraux aïant appris que l'ennemi avoit repassé le Pô, du costé de Seraglio, vinrent camper à Bozolo le 29, d'où nous partîmes pour camper à Comessagio; ce fut là que nous apprîmes que M. de Maillebois, qui étoit allé assiéger la Mirandole, en avoit levé le siège le 13 octobre.

L'artillerie alla à Riverole à la fin de la campagne.

J'obtins alors de M. de Coigny et de M. de St-Périer, un congé pour retourner en France. Je partis avec MM. de Laborie père et fils et quelques autres officiers, passant par le mont Cenis, la Bourgogne, la Champagne et Rheims. J'avois laissé mon équipage à mon sous-brigadier, M. de Pluviers[1]. Ne voulant pas charger sa voiture, il le mit dans un bateau, les mariniers déclouèrent mes malles par dessous et volèrent le peu qui restoit ou que j'avois achepté depuis la Secia.

Après mon départ d'Italie, M. le mareschal de Noailles vint commander l'armée. Il fit rappeler M. de St-Périer et donner le commandement de l'équipage de l'artillerie à M. de Borstel. M. de St-Périer s'obstina à rester, il fallut que la cour luy fit totalement violence pour le faire déguerpir et revenir à son département de Flandre.

Après avoir esté à St-Sauveur, je fis un voïage à Paris pour

—————

1. *De Pluviers* (Hyacinthe), brigadier le 1ᵉʳ janvier 1748.

faire ma cour. Je détrompay M. de Gormond sur bien des choses désobligeantes qu'on avoit dites sur M. de St-Périer et luy rendis toute la justice qu'il méritoit, mais en même tems je demanday de ne plus servir en Italie.

M. Du Brocard [1] et mon frère, qui étoit major de l'équipage d'Allemagne et venoit de faire en cette qualité le siège de Philipsbourg, sachant que M. de Vallière n'avoit pas goûté M. Roy du Guez et demandoit un autre commissaire de parc, me proposèrent à M. de Vallière [2] qui m'accepta. C'étoit M. le mareschal de Coigny qui commandoit l'armée du Rhin depuis la mort de M. le mareschal de Berwick, tué d'un boulet de canon au siège de Philipsbourg, que nous avions pris malgré les efforts du prince Eugène pour nous faire lever le siège.

J'eus ordre de M. de Vallière de partir au mois de mars 1735 pour me rendre à Strasbourg et y faire travailler, avec le sieur de Varu de Compiègne, garde du parc, à un des plus gros équipages d'artillerie qui eut encore paru, aïant esté de plus de 120 pièces et 2700 chevaux d'artillerie. Dans ces tems là on ne refusoit rien à M. de Vallière en qui les bureaux et le ministre avoient toute confiance. Mon frère étoit major de l'équipage et moy commissaire du parc, ainsy nous avions tout le détail et la confiance de M. de Vallière à nous deux et, si cette guerre eut duré, il y a apparence que nous y aurions trouvé bien de l'avantage.

L'armée ne fit pas de bien grands mouvements. Nous allâmes camper près de Dalheim, assez près de Mayance et tout près d'Oppenheim. Sous M. de Vallière il y avoit M. de Malézieux [3]

1. *Du Brocard* (Henri *de Baraillon*), capitaine d'ouvriers le 25 juillet 1729, brigadier le 13 août 1734, maréchal de camp le 20 février 1743. Tué à Fontenoy en 1745.

2. *De Vallière* (Jean-Florent), lieutenant de mineurs en 1690, capitaine général des mineurs en 1705, brigadier le 9 décembre 1710, maréchal de camp le 1er février 1719, colonel-inspecteur de Royal-Artillerie en 1720, lieutenant général le 20 février 1734.

3. *De Malézieu* (Pierre), commissaire extraordinaire vers 1700, brigadier le 3 avril 1721, maréchal de camp le 1er août 1734, lieutenant général le 20 février 1748.

et M. le chevalier de la Roche-Aymon [1], mareschaux de camp, MM. le baron de Meslay et Du Brocard, brigadiers, et l'équipage étoit très nombreux en officiers.

Entre les commissaires provinciaux étoient MM. de la Gueste, Archambaud, Boisloger le fils, qui étoient lieutenants provinciaux, mais ne servoient qu'en qualité de commissaires.

Nous restâmes presque toute la campagne dans ce camp de Dalheim.

Ce fut là que par hasard mon frère reconnut chez M. le mareschal, le sieur Reith qui avoit été notre précepteur à Luxembourg, puis secrétaire de mon père, puis corsaire. Il étoit alors un des officiers de justice de l'électeur de Mayence, et venoit chez le mareschal pour les affaires des contributions de la part de son maître.

Vers la fin de la campagne, M. de Sekendorf, un des commandans des impériaux, marcha du costé de Trèves. La jalousie, dit-on alors, de M. de Coigny sur M. de Belle-Isle qui luy demandoit seulement quelques troupes pour s'opposer à M. de Sekendorf, fit qu'il voulut y aller luy-mesme avec la plus grande partie de l'armée, qui fatigua beaucoup dans cette course précipitée. Il y eut quelques actions de ce costé sans rien de décisif.

M. de Vallière eut ordre de retourner à Strasbourg avec un tiers de l'équipage et l'état-major. Arrivé dans cette ville, je fesois radouber l'équipage, lorsqu'un jour à 7 heures du matin, comme j'allois à mes travaux qui étoient près de la citadelle, un bourgeois que je rencontray dans la rue, me dit que la paix étoit faite et qu'il en étoit arrivé la nuit un courrier à M. le mareschal du Bourg, qui commandoit à Strasbourg. Nous ne nous y attendions nullement.

Pendant mon séjour à Strasbourg, je vis mon cousin et ma

1. *Chevalier de la Roche-Aymon*, cadet dans Royal-Artillerie en 1701, brigadier le 3 avril 1721, maréchal de camp le 1ᵉʳ août 1734, lieutenant général le 10 mai 1748.

cousine de Grésillemont, sœur de Mme Helvétius. Mon cousin
étoit alors trésorier provincial d'Alsace, il achepta ensuite la
charge de trésorier général des ponts et chaussées. Il laissa
3 filles, Mme la baronne de Champourcin, établie du costé
de Toulouse, Mme de Villeroze, établie à Béziers, et Mme Des
Barres.

Je retournay chez moy au mois de décembre 1735 et trouvay
ma femme, qui venoit d'accoucher le 2 décembre d'un fils,
Auguste-Louis-Michel, qui fut baptisé en l'église St-Jacques
de Compiègne le 11 janvier 1736. Je repartis ensuite pour
Grenoble, où j'étois toujours commandant en second de l'école
d'artillerie.

Pendant un congé j'acquis le fief haut justicier de Liancourt, situé à Sacy-le-Grand près Clermont-en-Beauvoisis, je
l'acheptai d'un gentilhomme nommé Chatillon d'Arsillemont
de la grande maison de Chatillon-sur-Marne, mais très peu
opulent, qui avoit épousé une demoiselle de Garge, de Nauroy,
près Neuilly St-Front. Le contrat fut passé le 15 novembre 1738
chez Poultier, notaire à Compiègne.

Ma femme accoucha le 13 octobre 1738 d'un second fils
nommé Antoine, baptisé en l'église St-Jacques de Compiègne.
Il fut tenu sur les fonts de baptesme au nom de M. Michel-
Antoine de Bourdaize de Moutéran, conseiller au conseil souverain de l'isle de la Guadeloupe, ce qui fit sa fortune, car ce
fut par cette qualité de son filleul que M. Bourdaize le fit
légataire universel de tous ses biens.

A cette couche, ma femme fut à toute extrémité, on fit venir
M. Le Drans, fameux chirurgien de Paris, qui luy sauva la vie;
cet accident nous coûta plus de 3000 livres au chirurgien.

VII

GUERRE DE CORSE

(1739)

Le Pelletier est demandé par M. de Maillebois pour commander l'artillerie. — Il n'a que le commandement en second sous M. de Bassat. — Embarquement à Antibes; M. de Crussol; tempête. — Expédition dans la Ballagne. — Façon de combattre des Corses. — Affaire de San Antonio. — Le village de Montemajor, les bombes miraculeuses. — Désarmement de plusieurs villages. — Bandits, traits de mœurs, pendaison de quelques moines. — Le Pelletier est nommé lieutenant d'artillerie (colonel), il revient en France et obtient le département de Cambray.

Les Corses s'étant révoltés contre les Génois leurs souverains, la France envoya du secours à ceux-cy, comme l'Empereur avoit fait cy-devant. On fit partir en 1738 M. de Boissieux pour l'isle de Corse avec quelques troupes et un petit train d'artillerie de pièces de 4, courtes, montées sur des affûts en sauterelles. Un mulet portoit deux affûts, un autre deux pièces. Les boulets se portoient dans des espèces de filets de cordes dont on mettoit deux sur un mulet et de même deux barils de poudre ensachez.

C'étoit M. de Combes qui commandoit cette petite artillerie.

En 1739, la cour envoya un renfort de plusieurs bataillons et du régiment d'housards d'Esterhazy, et M. de Maillebois qui commandoit alors en Dauphiné fut aussy envoyé en Corse pour commander cette armée.

Ce général me demanda sans que je le susse, quoyque

M. Guiol [1] qui étoit de toutes ses parties et qui n'avoit pas encore veu la guerre sollicitât de l'accompagner. M. de Maillebois obtint que je fusse de l'armée de Corse, mais non pas que j'y commandasse en chef, parce que M. de Bassat [2], brigadier d'armée qui venoit de Dantzig avec le roy Stanislas, ne trouvant point de placement, fut gratifié d'une pension de 1 500 livres en attendant, et la cour pour se libérer de cette pension, l'envoya en Corse y commander l'artillerie, avec des appointements de 400 livres par mois. De sorte que la bonne volonté de M. de Maillebois pour moy tourna tout de travers.

Je partis cependant au mois d'avril 1739, avec M. de Bassat et M. de Lucas, capitaine de canonniers, pour gagner Antibes, en m'embarquant sur l'Isère à Grenoble et ensuite sur le Rhône à Valence, de là à Avignon, puis à Aix et enfin à Antibes. Nous nous y embarquâmes et restâmes quelque tems en rade dans le golfe Jouan. Le vent estant favorable, toute notre flotte mit à la voile.

Elle étoit considérable en batiments de transport et étoit escortée par la frégate « La Flore », commandée par M. de Crussol, jeune capitaine de vaisseau mort quelque tems après. J'étois dans une tartane avec toute l'artillerie, MM. Bassat, Lucas, etc. Notre pilote voulant s'écarter de la division pour arriver plus tôt, M. de Crussol lui fit lâcher deux ou trois boulets pour le faire rejoindre, dont un nous passa très près sur la teste. Cela n'empescha pas notre Provençal de suivre sa route comme il voulut.

La nuit vint, il s'éleva une furieuse tempeste, nos matelots eurent peur et disoient fort dévotement des litanies. Le spectacle d'une mort prochaine, les vagues horribles d'une mer en courroux, dans lesquelles à tout moment nous croïons

---

1. *De Guiol de Guiran* (Jean-Baptiste-Elisabeth), officier pointeur à la Fère en 1720, brigadier le 20 mars 1747, maréchal de camp le 20 février 1761.

2. *De Bassat* (Jean-Baptiste), officier pointeur en 1705, brigadier le 8 avril 1736, maréchal de camp le 1er mai 1745, lieutenant général le 10 mai 1748.

nous engloutir, et qui nous couvroient d'eau, nous fit passer une des plus cruelles nuits qu'on peut s'imaginer. Enfin le jour vint et la mer se calma; nos pieux matelots qui étoient si dévots pendant la nuit dernière, se remirent à jurer les uns contre les autres à la provençale et à tirer leurs couteaux pour se pourfendre. On les mit d'accord et enfin nous arrivâmes dans le golfe de St-Florent en Corse, au commencement de may, deux jours après notre départ d'Antibes.

De St-Florent nous allâmes par terre à la Bastia où étoit M. de Maillebois. Je n'y restay pas longtems et fus détaché pour aller en Ballaigne sous les ordres de M. le marquis de Villemur qui étoit à l'Algaiole. Je m'embarquay à St-Florent avec M. Des Landes et quelques officiers, un détachement de canonniers et des petites pièces de quatre, montées en affût en sauterelles. On nous donna un pilote costier et notre traversée fut heureuse; le moindre coup de mer nous eût jetés sur la coste des rebelles, où nous eussions mal passé notre tems, comme il advint à quelques barques de nos troupes dont les Corses rebelles fusillèrent plusieurs soldats par vin dète et cruauté. Et quand nous fûmes maitres de leurs villages, nous n'y trouvâmes que quelques vieillards; ces gens là se sentant criminels s'enfuirent dans la montagne. Quoyque j'eusse ordre d'aller à Calvi, je crus devoir m'arrester en passant à l'Algaiole où étoit M. de Villemur avec son régiment. Esterhazy-housards étoit aussy dans les faubourgs de cette ville et quelque temps après il fut surpris par la petite armée des rebelles. Les housards eurent du monde de tué, ils perdirent un lieutenant qu'un Corse à qui il avoit fait grâce et pris prisonnier assassina par trahison à leur ordinaire. Cette affaire se passa de nuit, apparemment faute de patrouilles autour du quartier. Tant il est vray qu'il faut toujours estre sur ses gardes avec quelque ennemi que ce soit.

Je ne fus pas fasché de quitter Bastia. M. de Maillebois me marquoit plus de confiance qu'à M. de Bassal, mon commandant, à qui je ne voulois pas donner de jalousie. Il en prenoit déjà assez, quoyqu'il désirât bien me garder, parce que je lui étois utile.

Je trouvay le baron de St-Michel à Calvy avec un détachement et quelques pièces de canon; on nous logea dans le faubourg de Calvy. Il n'y avoit que des troupes génoises dans la citadelle, qui est assez fortifiée pour ce païs là, et où commandoit M. de Galeane, Génois, mais nous avions aussy dans le faubourg un régiment d'infanterie françoise. M. le marquis de Maillebois partit aussy de la Bastia quelque tems après moy, avec toutes les troupes qu'il avoit là, et l'autre moitié de l'artillerie, qui étoit restée à M. Bassat et marcha du costé de Corte, où les rebelles étoient le plus en force.

On auroit dit que nous marchions contre une armée de capucins, les Corses ayant un manteau avec un cocluchon pointu de mesme drap et couleur que la robe des capucins, la plupart laissant aussy croistre leur barbe. Ils sont armés d'une escoupette et d'un poignard, et d'un ou deux pistolets, avec un cartouchier, dans lequel sont des charges de fer blanc, où on met d'un costé la poudre et de l'autre la balle, et ils ne font que rouler l'une et l'autre dans le fusil. Leur façon la plus ordinaire de faire la guerre est de se coucher derrière un rocher et s'y cacher, puis de tirer clandestinement, puis de se recoucher et recharger ensuite le fusil dans cette position, en mettant la crosse le long de la jambe, arrestée par le bout du pied et le chargeant toujours couchés.

Les troupes qui étoient à l'Algaiole et dans les autres quartiers de la Ballaigne partirent toutes le mesme jour et allèrent attaquer le village de St-Antonio, où il y eut bien des coups de fusil de tirés et assez de monde de tué de part et d'autre. Mon artillerie étoit divisée en deux, celle qui étoit du costé du couvent d'Aregnio fit très bien avec M. Des Landes. Ce couvent se rendit à composition où commandoit, je crois, le médecin Pauly[1], chef des rebelles. Je fus chargé d'aller bom-

<hr>

1. *Hyacinthe Paoli* (1702-1768) prit part à l'insurrection des Corses contre les Génois de 1729 à 1732, dirigea le mouvement jusqu'en 1739.

barder un village nommé Montemajor, près du couvent d'Alciprate, que nous devions attaquer avec des troupes et deux
grosses pièces de canon que j'amenai de Calvy. L'affût du
mortier s'en alloit presque en morceaux, mais c'étoit la meilleure de la place.

L'année précédente on avoit déjà mené ce mortier contre
le village, mais le baron St-Michel qui y avoit tiré quelques
bombes ne réussit pas, parce que ces bombes, tombant sur les
roches, cela fesoit sauter la fusée qui ne mettoit pas le feu,
de sorte que les rebelles, qui n'avoient jamais veu de bombe,
ne laissèrent pas de remarquer qu'il y avoit dedans de la
poudre, et la ramassoient très bien, croïant que c'étoit le ciel
qui la leur envoyoit, parce qu'effectivement ils en manquoient.
Ils alloient après placer la bombe dans leur église en *ex-voto*,
comme une relique venue par miracle.

Comme j'appris cette histoire, je m'avisay de faire au haut
de la fusée un petit chanfrein ou trait de scie pour maintenir
un fil d'archal que je serray en double par un nœud de bombardier, puis j'en attachai les quatre bouts aux deux anses,
de sorte que, quand la bombe tomboit sur les roches, la fusée
se maintenoit dans la bombe et la fesoit crever. Les premiers
qui arrivèrent pour recueillir avidement la poudre s'en trouvèrent mal. Je jouois en même tems des deux pièces. Le tout
intimida les rebelles et ils se rendirent, ainsy que les villages
de Ziglia, Cassany et Giargia que nous attaquions aussy.

Nous étions logés dans le couvent d'Alciprate, où nous
reçûmes les députés de ces 4 villages, qui venoient, un mou-
choir blanc à la main, pour signe qu'ils vouloient capituler.
On les reçut à condition qu'ils livreroient toutes leurs armes,
mais comme on ne se fioit pas à eux et que, du tems que les
troupes de l'Empereur étoient dans l'isle, ils avoient assassiné

remit alors le pouvoir entre les mains du baron Théodore de Neuhof.
et, après la chute de cet aventurier, combattit les Français, mais fut
vaincu par le maréchal de Maillebois et se retira à Naples.
Il est le père de Pascal Paoli, né en 1726.

de leurs fenêtres, à coups de fusil, les détachements qui étoient entrés dans le village pour recueillir leurs armes, on retint à Alciprate un des deux otages de chaque village, et on renvoya l'autre avec une petite troupe et un sergent, pour que les rebelles déposassent leurs armes à la première maison du village, où on alla les prendre.

Ce fut à cette occasion que nous vismes tuer presque au milieu de nous un des otages de Ziglia par un habitant du village de Calinsano, qui tenoit du parti de la République. Ce meurtre fut fait par vindète, c'est-à-dire vengeance, parce qu'un habitant de Montemajor avoit tué le frère de ce Calinsanien, il y avoit quelques années, dans une guerre particulière entre les deux villages. Il se sauva sitost qu'il eut fait sa vindète. Cet otage de Ziglia étoit un vieillard de très belle figure, quoyqu'aïant 80 ans et l'air respectable.

Toutes ces expéditions faites, les troupes se rejoignirent à Saint-Antonio et marchèrent à Corbora et Belgoder et au couvent de Tanagny quartier général. J'allay avec les généraux à la rencontre de M. de Maillebois, à un village nommé Pétralba, où ceux de la Ballagne et ceux de l'autre armée vinrent prendre les ordres pour faire rejoindre les 2 armées. Elles se rejoignirent effectivement à Saint-Nicolas et allèrent vers Corté pour soumettre les rebelles de l'autre costé des monts, mais on laissa toute l'artillerie réunie à Ponte Novo, où nous campâmes comme nous pûmes, n'y aïant point de maisons. Puis on nous envoya à Luciane, assez près de Bourgoforte et à une portée de fusil du couvent d'Aregnio.

Nous gardions ce poste autour duquel quatre bandits firent souvent des assassinats. Ces coquins se retiroient dans des grottes, où ils réservoient les effets dont ils dépouilloient ceux qu'ils tuoient. Pour les faire déguerpir de ces païs là on fut obligé, en quelque façon, de traiter avec eux et de les aller mettre en terre ferme, hors de l'isle.

Ils nous tuèrent plusieurs officiers à la chasse, je fus fort heureux d'échapper de leurs mains. Comme Luciane étoit un

village situez sur une montagne, où je m'ennuyois d'autant
plus que M. Bassat et M. Lucas, avec qui je fesois ordinaire,
étoient toujours à se pointiller, j'allois à la chasse le plus souvent que je pouvois, en descendant dans la plaine. Un jour
que je devois y aller, mes deux chevaux se trouvèrent
déferrés. Je restai donc, et y envoyai un domestique de
M. Lucas et un canonnier nommé Desjardins. Ils rencon-
trèrent les 4 bandits qui commencèrent à fusiller Desjardins
de 4 coups de fusil qui percèrent ses habits et son chapeau,
sans luy faire de mal. Ces gens là tiroient extrêmement juste
et c'est un grand hazard qu'aucun coup ne perçât. Le soldat
se jeta dans un buisson où il se cacha le plus qu'il put et se
mit à crier au secours de toutes ses forces. Les bandits, après
s'être lassés de tirer, s'avisèrent de mettre le feu aux buissons
qui l'entouroient. Le feu commençoit à le gaigner, lorsque le
chevalier de Saint-Vincent, qui revenoit de la Bastia avec un
détachement pour chercher du pain, s'avança au bruit et les
bandits s'enfuirent. Or si j'avois été de cette chasse, sûrement
ces gens là eussent plutôt tiré sur moy, pour avoir mon
habit, que sur un soldat. Le lendemain, toute la troupe que
nous estions à Luciane prit les armes, nous allâmes entourer
le bois et le fouiller. Nous n'y trouvâmes que le corps d'un
caporal de Montmorency qui revenoit de l'hôpital à son quartier et qui avoit été tué de trois coups de fusil dans le dos.
Ces coquins là avoient débordé son chapeau et arraché ses
boutons de cuivre croïant apparemment que c'étoit de l'or.

Il nous vint trouver un homme qui nous demanda la permission d'assassiner un autre homme, qui, disoit-il, avoit eu
l'effronterie d'épouser la veuve d'un de ses parents sans luy
en demander la permission. On voit, par là, qu'ils font leurs
assassinats ou vindètes pour un rien.

Nous prîmes un frère Recollet qui s'étoit eschappé de son
couvent d'Aregnio, nous l'envoyâmes à M. de Maillebois, qui
avoit fait défense aux moines de sortir de leur couvent, et il
le fit pendre sur-le-champ avec quelques autres moines dans

le mesme cas. Car ces gens-là étoient pour les rebelles. Le pauvre frère ne méritoit pas trop la mort, mais dans les tems que les troupes de l'Empereur étoient dans ce païs-là, et qu'ils attaquèrent son couvent, on dit que ce frère avoit beaucoup tué de soldats, tirant très bien par les fenêtres.

Nous apprenions tous les jours quelques cruautés de ces Corses, ils empoisonnoient les uns, massacroient les autres, et je ne finirois pas sur leurs histoires. Ils ont de l'esprit, mais vindicatifs comme il n'y a pas de peuple au monde, ne vivant que de châtaignes plutôt que de cultiver leurs terres, passant toute leur vie avec une escoupette en main et gardant leurs troupeaux, presque toujours debout et immobiles, reposés sur leurs armes comme des termes.

Nous partîmes la veille de la Toussaint pour aller passer notre quartier d'hiver à la Bastia où étoit M. de Maillebois, qui avoit désarmé et soumis les rebelles.

Je reçus mon brevet de lieutenant d'artillerie (colonel) datté du 20 janvier 1740, je fus fait seul de ce grade. Ma san étant gravement atteinte, j'obtins un congé pour aller prendre les eaux de Vals en Vivarais.

Je partis de Corse sur un bâtiment appelé polacre en Provence. Il y avoit avec moy beaucoup d'autres officiers françois ou corses. Nous fûmes 8 ou 10 jours dans le trajet, parce qu'il nous prit un si grand calme que nous restions presque toujours dans la mesme place, la mer estant comme de l'huile.

Après avoir pris les eaux de Vals, je revins à cheval de Valence à Paris, par Lyon, le Bourbonnois et la route de Moulins.

En mon absence, M. Guiol de Guiran aïant été nommé à mon commandement en second de l'école de Grenoble, j'acceptay le département de Cambray, où je fus nommé le 18 juillet 1741. Ce département me mettoit à portée de chez moi, et me donnoit 2 400 livres d'appointements et 600 de logement; pour les tems, c'étoit un des meilleurs.

VIII

GUERRE DE LA SUCCESSION D'AUTRICHE

CAMPAGNES DE FLANDRES ET D'ALSACE EN 1744

Embarquement du matériel de l'artillerie. — Conseils aux artilleurs. —
Siège de Menin, opération difficile de transport, M. de Vallière s'en
attribue tout l'honneur. — Siège d'Ypres, le Roi vient à la tranchée,
mort de M. de Beauvau, le marquis de Fénelon. — Siège de la Quenocque, Le Pelletier y commande en chef l'artillerie, et Cormontaigne le génie; procession autour de la place. — Siège de Furnes.
Après avoir préparé ses batteries, Le Pelletier est remplacé par les
artilleurs marins. Leur insuccès. Opinion de M. de Seroux, ingénieur;
lettre du marquis de Chabannes. — Le Pelletier s'offre à aller aider
les marins comme volontaire. — Injustice du maréchal de Noailles.
Il la répare noblement. — Campagne en Alsace. — Maladie de Louis XV.
— Affaire de Richenau ou de *la Culbute*.

La mort de l'empereur Charles VI ayant occasionné la
guerre en Allemagne, je fus demandé par M. le mareschal de
Maillebois pour estre de l'armée qu'il alloit commander en
Westphalie, qu'on appeloit l'armée des Mathurins, parce que
son objet étoit d'aller délivrer l'armée de M. de Belle-Isle, qui
étoit investie dans Prague, après avoir fait des conquestes et
les avoir perdues. Cette armée remplit assez mal son objet.
Ce qui empescha qu'on m'accordât à M. de Maillebois est
qu'on vouloit employer M. de Malézieux, mareschal de camp,
et MM. le baron de Meslay et d'Aboville, brigadiers, et que je
venois tout nouvellement d'estre employé en Corse et d'estre
fait lieutenant provincial avec un grand département.

Mon frère fut plus heureux que moy, il se trouva commandant en second de l'école de Strasbourg, en l'absence de M. Du Pas [1], qui étoit en chef, et en conséquence chargé de préparer l'équipage d'artillerie de l'armée de M. de Belle-Isle. Il y fut employé sous M. Du Brocard, avec 4 autres lieutenants.

La guerre s'étant tournée du costé de la *Flandre*, où le Roy voulut commander luy-mesme son armée, *j'ay reçu mes ordres du 23 janvier 1744 pour y être employé en qualité de commandant en second de l'Artillerie*, sous M. de Vallière. — M. le mareschal de Noailles commandoit l'armée sous les ordres de Sa Majesté. Ce fut une des plus longues et des plus belles campagnes. M. de Vallière avoit sous luy MM. d'Aboville et Du Brocard, brigadiers, moi, mon frère, le chevalier de Fontenay [2] et Monsieur son fils [3] (M. de Vallière), lieutenants d'artillerie. M. de Malézieux, lieutenant général, commandoit un équipage sur le Rhin, sous les ordres de M. le mareschal de Coigny, et M. le marquis de la Roche-Aymon, un équipage sur la Moselle.

Je partis de Compiègne le 22 mars 1744 avec mon neveu M. Le Féron. Je suis arrivé à Douay le 5 avril, aïant été relevé dans mon département de Cambray par M. Dormeuille. M. de Vallière nous garda, mon frère et moy et Monsieur son fils, pour estre sous luy. M. Du Brocard, avec M. le chevalier de Fontenay, commandoit un petit équipage d'un camp volant, sous M. le comte de Clermont, prince du sang. M. d'Aboville étoit du costé d'Oudenarde avec un corps de troupe commandé par M. le mareschal de Saxe.

1. *Du Pas* (Louis-Auguste *de Beaudoin*), brigadier le 2 mai 1744, maréchal de camp le 1ᵉʳ janvier 1748.

2. *Chevalier de Fontenay* (Louis-Charles-Claude *Andrey*), aide de parc le 1ᵉʳ juillet 1712, brigadier le 2 mai 1744, maréchal de camp le 1ᵉʳ janvier 1748, lieutenant général le 17 décembre 1759.

3. *De Vallière* (Joseph), volontaire en 1733, brigadier le 2 mai 1744, colonel inspecteur de Royal-Artillerie en 1747, maréchal de camp le 17 septembre 1747, lieutenant général le 10 mai 1748, directeur du corps de l'artillerie en 1756.

Le Roy envoya M. le marquis de Fénelon pour signifier aux Hollandois ses dernières résolutions pour la guerre. Ils chargèrent M. de Wassenaer [1] d'y répondre avec beaucoup de soumission; mais comme ils ne satisfirent pas le Roy, qui les aimoit mieux déclarés contre luy que neutres, la guerre fut résolue contre eux comme contre l'Allemagne et l'Angleterre.

Le 23 avril, on forma, sous Douay, un camp qui fut commandé par M. de Vallière. Il devoit y avoir 9 ou 10 camps sous Valenciennes, Cambray, Arras, Aire, Saint-Amand, etc. Le 29, on publia la guerre contre la reine d'Hongrie.

Le 2 may, le mareschal de Noailles partit de Douay pour aller au-devant du Roy, qui venoit faire sa première campagne; il arriva le 4 à Valenciennes.

Le samedi 9, je partis de Douay pour l'Isle avec 100 canonniers, 1 500 chevaux d'artillerie, et le gros canon de 33. Le 10, mon frère partit de même pour l'Isle avec 50 pièces de canon de 24. Le 12 may, on commença l'embarquement de toute l'artillerie sur la Lys.

Quoyque cet attirail fut des plus nombreux qu'il se fut fait alors, nous exécutâmes cette opération avec la plus grande diligence. M. de Vallière, qui se doutoit bien de l'impatience d'un jeune roy qui fait la guerre pour la première fois, me pressoit vivement, et j'eus la satisfaction de recevoir une lettre très obligeante de luy, qui ne louoit guère, par laquelle il me marqua qu'il ne s'attendoit pas que j'eusse pu faire exécuter si tost cette besoigne. Il s'étoit muni de tout en si grande abondance qu'on peut dire qu'après les sièges de Menin, Ypres, la Quenocque et Furnes, il nous restoit encore autant au parc qu'il nous eût fallu pour faire encore autant de sièges. Quand la cour lâche la main au général d'artillerie pour se munir de tous ses besoings, tout va au mieux. Celuy qui est chargé de brusler la poudre doit mieux savoir ce qu'il luy en faut que ceux qui ne sont pas du métier.

---

1. Le comte de Wassenaer, autrefois ambassadeur à la cour de France.

Comme quelques-uns des miens pourront avoir à faire pareilles opérations, je diray quelque chose par digression au sujet de ce qui peut accélérer cette besoigne.

Il est de la dernière importance pour l'artillerie d'user de toute diligence, pour ne pas retarder les mouvements de la campagne par la lenteur de ce Corps, si pesant par luy-mesme. Ce n'est pas assez d'avoir un nombre considérable de chevaux, il faut s'aider de bien d'autres moyens. Il faut profiter des rivières et canaux qui peuvent nous approcher nos munitions, sçavoir le poids que chaque bateau peut porter, le tems qu'il faut à tel bateau pour faire telle course, la ressource qu'on peut avoir des chevaux de paysans, ce que portent leurs charrettes, de combien de chevaux elles sont attelées, combien de charretiers, afin de pourvoir à la nourriture des hommes et des chevaux par des commissaires, et qu'elle se trouve où il faut.

Il faut sçavoir combien de pionniers on peut espérer pour les embarquements et débarquements et surtout raccommoder les chemins, en remplissant les trous de fascines recouvertes de terre.

Il faut se munir de beaucoup de madriers pour pouvoir faire des espèces de ponts pour aller au bateau et le charger par trois ou quatre endroits à la fois. Il faut avoir des espèces d'augets pour rouler les boulets dans le bateau, ce qui avance beaucoup leur chargement....

Ma digression seroit trop longue, j'adjouteray seulement qu'il convient d'arranger bien ses idées préliminairement pour faire exécuter avec plus d'aisance et de promptitude, bien distribuer et expliquer la besoigne à chaque officier, se procurer des chefs aux charretiers et pionniers paysans sujets à déserter, etc.

L'on avoit au parc 90 pièces de canon, dont 12 du calibre de 33, 60 de 24, 10 de 16 et 12 de 8; plus 30 mortiers de 12 pouces et 20 de 8 pouces, 15 000 bombes de 12 pouces et 1 000 de 8 pouces.

Le 18 mai 1744, Menin fut investi par le mareschal de Noailles [1].

La difficulté la plus considérable du siège étoit que les ennemis, ayant formé des inondations aux environs, il ne restoit que le seul pont de Warwic pour passer l'armée, l'artillerie, le roy et sa suite et maison, les vivres, enfin tout. Ce pont étoit même en fort mauvais état; les grandes pluies de l'hiver avoient rendu les chemins impraticables, et il y avoit de distance en distance des trous à y faire entrer plusieurs maisons.

Ces trous immenses furent comblés d'une quantité de fascines très longues et recouvertes de terre, il fallut plus de 1 200 voitures du païs pour les transporter, et des pionniers pour les couper à proportion.

On n'avoit pas pourvu à la subsistance de ces malheureux, de sorte que plusieurs moururent d'inanition et qu'un grand nombre désertèrent, enfin je manœuvray tant et criez tant, qu'on nomma un commissaire des guerres pour s'occuper de ce service, et que l'ordre s'y mit un peu mieux.

Ce qui étoit très essentiel étoit de faire passer toute l'artillerie, et tout le parc de siège, sur le seul pont que nous avions. M. de Vallière, voyant le Roy déjà arrivé au camp, sentoit combien il étoit important d'accélérer le transport. Une preuve qu'il en jugeoit ainsi, c'est que luy, qui ne louoit jamais personne, m'accueilloit et me caressoit beaucoup, disant qu'étant l'ancien des commandants en second, j'étois son bras droit et qu'en conséquence il falloit que je me charge de faire passer toute l'artillerie et le parc en une seule nuit sur le pont.

Le Roy estant parti un jour trop tost de l'Isle, avoit fait arrester toutes les voitures dans le chemin pour pouvoir passer luy et sa suite nombreuse. Elles avoient été dételées où elles se trouvoient, et il y en avoit depuis l'Isle jusqu'à Warwic. C'étoit la nuit et chacun dormoit près de ses chevaux. On me

---

1. Adrien-Maurice, duc de Noailles, maréchal de France en 1734.

donna deux compagnies de mineurs, un gros détachement de
Royal-Artillerie et une compagnie d'ouvriers. Je les fis séparer
en un grand nombre de petits détachements avec ordre de se
succéder de distance en distance pour aller éveiller et faire
marcher jusqu'au dernier les différents pelotons de voitures
épars le long du chemin.

Comme ces pelotons se suivoient à des intervalles souvent
assez longs, on en profitoit pour relever le pont et le réparer,
et pendant ce tems, il passoit sur la rivière ce qu'il s'en pouvoit de bateaux chargés de munitions et ainsy successivement.

Au delà du pont il y eut un grand travail pour raccommoder
les chemins, mais enfin, à la pointe du jour, toutes les voitures
d'artillerie et les bateaux étoient arrivés et le pont bien rac-
commodé.

J'en allay rendre compte à M. de Vallière, qui étoit dans
l'inquiétude, mais ce qui me surprit c'est que M. le mareschal
de Noailles estant arrivé chez luy, parce qu'il étoit aussy
inquiet de la chose, M. de Vallière rendit compte très exactement de toutes mes opérations, comme si c'eût été luy-même
en personne qui les eût exécutées, et il ne dit pas un mot de
moy qui estois là présent. Cependant c'étoit une belle occasion de me faire connoistre du mareschal, et je crois que
c'étoit au-dessous de luy de s'attribuer l'espèce de mérite de
cette opération et des difficultés que j'avois surmontées.

M. de Malézieux et M. Du Brocard fesoient toujours beaucoup valoir les officiers qui étoient sous leurs ordres, c'étoit
tout le contraire avec M. de Vallière. Je crois que, comme il
étoit déjà fort vieux et put à peine aller une ou deux fois à
la tranchée, il pouvoit appréhender que comme nous étions
alors fort jeunes et alertes, les généraux qui nous voyoient
toujours à la tranchée ne prissent confiance en nous.

Le siège de Menin commença le 14 may.

Alors on se promenoit jusqu'à la palissade du chemin couvert sans que les Hollandois s'y opposassent et on causoit

avec eux, apparemment qu'ils croyoient que M. de Wassenaer, leur ambassadeur, accommoderoit les choses. Ils ne commencèrent à tirer à force que le 30 may, à cinq heures du matin, comme nous marquions les batteries.

J'étois chargé de la droite de l'attaque, mon frère de la gauche et M. de Vallière, le fils, du centre.

On remarquera que M. de Vallière (le père) fit établir 6 mortiers qui tirèrent dans le moment que l'on mettoit le canon en batterie, de sorte que les bombes en l'air occupoient si fort les nouveaux soldats hollandois qui défendoient le chemin couvert qu'ils ne firent qu'un feu très médiocre. On peut dire que cette batterie de mortiers fut bien trouvée.

Le 4 juin, on se préparoit pour la nuit suivante à faire des batteries pour battre en brèche, lorsque les ennemis arborèrent le drapeau blanc.

Les pourparlers durèrent 12 heures. M. de Chabannes, major des gardes-françoises, qui venoit d'être nommé lieutenant-colonel, rapporta enfin la capitulation. M. le comte de Lowendal étoit lieutenant général de tranchée.

Le 5 juin, commença l'investissement d'*Ypres* sous les ordres de M. le comte de Clermont. On commanda 3000 pionniers pour faire les chemins de Menin à Ypres pour l'artillerie, et comme M. de Vallière se servoit de ses commandants en second à toutes sauces, je fus chargé de cette direction et peux dire que j'ai bien construit 60 ou 80 lieues de chemins dans ces 2 sièges.

Le 14 juin, on ouvrit la tranchée en plein jour à l'abri des haies et arbres fruitiers que les Hollandois avoient eu la négligence de ne pas faire couper.

Le 21, le Roy vint pour la première fois à la tranchée, le feu de la place étant ralenti, et toute notre artillerie tirant avec une grande vivacité. Je le rencontray à la droite de la tranchée, un seigneur me nomma à luy et me présenta. Dans ce moment il passa un boulet de canon sur nos testes qui siffloit beaucoup. Il me demanda ce que c'étoit que cela et c'étoit

sûrement le premier boulet qu'il avoit entendu. Je lui dis que
c'en étoit un, mais que c'étoit le dernier de cette décharge.
Il me demanda comment je savois cela. Je luy dis que dans
cette batterie qui tiroit, il n'y avoit que trois pièces, que ce
boulet étoit de la troisième pièce, les deux autres étant passés
avant qu'il arrivât; qu'ils étoient longs à recharger, et que
les embrasures de ces pièces étant trop hautes, les boulets
passoient toujours par dessus notre tranchée, comme il venoit
de le voir. L'on ne voulut cependant pas que le Roy allât plus
loin de ce costé-là.

Le logement du chemin couvert fut fait de vive force ; on y
perdit beaucoup de monde, M. le marquis de Beauvau y fut
tué.... Comme il ne se trouvoit personne dans la basse ville
qui fit feu, on y entra par une poterne le 15 juin, on établit,
sur le rempart qui fait face à la ville, deux pièces de canon et
six mortiers. M. le marquis de Fénelon étoit de jour. Il étoit
toujours à ces pièces-là, où il ne fesoit pas bon, quoyque je
fisse tout ce que je pouvois pour l'empescher de s'exposer si
indiscrètement. Ce fut lui qui reçut la capitulation. Il nous
aimoit beaucoup et il avoit épousé une demoiselle Pelletier
de la famille du premier président. Il nous chargea avec ses
deux fils de faire les honneurs de la halte qu'il donna à la
tranchée. Mon frère y resta, mais moy je fus commandé pour
aller faire le *siège de la Quenocque*, sous les ordres de M. le duc
de Boufflers.

Nous partîmes le lendemain, 26 juin, à 6 heures du matin,
sous les ordres de M. de Boufflers. Je commandois l'artillerie
et M. de Courmontagne [1], le génie. Le lendemain, pour intimider
le gouverneur, on jugea à propos de faire faire aux troupes
une marche tout autour de la place à une certaine distance.
Je ne pus m'empescher de demander si on croïoit de prendre

1. Louis *de Cormontaigne*, né à Strasbourg vers 1695, mort en 1752, a
fait les principaux sièges de 1713 à 1745. Il a écrit un traité d'architec-
ture militaire, et un mémorial pour l'attaque et la défense des places.

cette place comme autrefois Jéricho, en fesant la procession autour. On ne se trouva pas bien de cette fine ruse, car, comme la colonne approchoit un peu trop près du fort, le gouverneur fit tirer son canon et nous tua assez inutilement pour nous quelques dragons.

M. Du Mesnil, homme fort éloquent, fut chargé d'aller haranguer le gouverneur pour le persuader de se rendre. Mais on l'obligea de sortir promptement de la place, et l'on fit tirer sur luy, avant qu'il fut mesme hors de portée.

Vers la nuit, M. de Courmontagne et moy allasmes reconnoistre pour l'emplacement de la tranchée et des batteries, chacun de notre costé. Ce fort, qui n'avoit jamais été pris que par surprise, est entouré de marais et est d'accès presque inaccessible pour peu que l'année soit pluvieuse. A notre retour, M. de Courmontagne et moy, nous nous rapportâmes entièrement de sentiment comme si nous avions fait nos observations ensemble. Nous convinmes donc que ce fort étoit inexpugnable de tout autre costé que près d'une briqueterie, où le terrain étoit un peu plus élevé qu'ailleurs. La nuit du 28 au 29 juin nous nous approchâmes jusque sur la palissade, d'où la sentinelle nous fit retirer en nous criant : « Wer da! » Nous nous retirâmes tout doucement derrière la briqueterie, et tinmes notre conseil, escortés de deux compagnies de grenadiers. M. de Courmontagne marqua sa tranchée et moy mes batteries. Pour éviter que l'ennemi, malgré la nuit, ne s'aperçut du travail, on avoit placé la compagnie des chasseurs de Fischer dans un ravin de l'autre costé du fort. Ils firent grand feu, sonnoient du cor, disoient en allemand beaucoup de sottises aux assiégés, enfin ils firent si bien que l'ennemi ne s'aperçut que très tard de notre travail.

M. de Gessin de Royal-Artillerie fit une batterie de 4 pièces de canon, et Richecourt de l'artillerie une autre de 4 mortiers. J'en plaçay une autre de deux gros mortiers de 12 pouces sur le petit front du fort où étoient les Fischer, une autre de 4 mortiers de 8 pouces sur la droite de l'attaque, et une enfin de pièces de 24. Toutes ces opérations se firent en plein jour.

La quantité de bombes qu'on tira sur un fort aussy étroit détermina le gouverneur à se rendre, on dit mesme qu'une de ces bombes estant tombée sur un souterrain où étoit retirée Mme de Dompesche, sa femme, qui avoit seulement avec elle une femme de chambre, et étoient les seules de ce sexe dans la place, elles avoient fait des cris si lamentables que le gouverneur en hâta sa capitulation. Il est pourtant vray qu'il étoit déjà tombé 5 bombes sur le magasin à poudre et qu'à la fin la voûte en eût crevé et tout le fort sautoit infailliblement. L'on peut dire que la promptitude de cette prise fut dubt à ce qu'on fit toutes les batteries en plein jour, et en un seul jour, dans un terrain fort tenace et bien près de l'eau. J'avois pour major M. de Charmois, jeune officier des plus braves et des plus intelligens, tué quelques campagnes après, et pour commissaire du parc, M. le chevalier de St-Mars [1], mon cousin.

Le 30 juin, le mareschal de Noailles vint voir la nouvelle conquête de M. de Bouflers. Celui-cy me demanda un état des officiers du corps qui avoient servy à ce siège pour leur faire avoir des grâces : il m'y porta pour être fait brigadier d'armée, mais personne n'eut rien en cette occasion si favorable.

M. de Bombel, lieutenant-colonel, fut fait gouverneur de la Kenocque.

Le 2 juillet, j'eus ordre de partir avec mon artillerie et le régiment de Montboissier-Infanterie pour le *siège de Furnes*.... J'avois tout préparé pour faire les batteries près du chemin de Dixmude au delà du petit canal, lorsque M. le comte de Clermont, prince, notre général, me dit que l'attaque

---

1. *Chevalier de Saint-Mars* (François *de Fortmanoir*), officier pointeur à la Fère en 1734, brigadier le 3 janvier 1770, maréchal de camp le 1er mars 1780.

devoit se faire de l'autre costé du canal, et m'ordonna de me disposer en conséquence.... Je dois la justice à tout ce qu'il y avoit d'officiers avec moy, que chacun fit des prodiges de diligence, et en moins de 24 heures mon nouveau parc fut établi très heureusement de l'autre costé du canal où on le vouloit.

Le 8 juillet, M. Du Brocard, commandant de l'artillerie, arriva de grand matin ; il parut extrêmement surpris de nous voir si avancés et qu'il n'étoit arrivé aucun accident à nos pièces de 24 qui avoient eu à traverser un mauvais pont, enfin que tout fût prêt. Il me tira à l'écart et me dit en m'embrassant qu'il étoit outré de douleur de ce qu'après d'aussi bonne besoigne il avoit à m'apprendre que je ne commandois plus l'artillerie de cette attaque, que M. le mareschal de Noailles, excité par M. le duc de Penthièvre, Grand Amiral, avoit demandé au Roy, qui étoit à Dunkerque, que ce fussent les officiers de Marine qui eussent ce poste là. Qu'ils alloient arriver, qu'il falloit donc leur céder, mais sans marquer de mécontentement. Je le luy promis. Je fis préparer le meilleur dîner que je pouvois, et pendant qu'on y travailloit, je fis un mémoire par lequel je donnois à ces messieurs connoissance de toutes mes dispositions pour les batteries et autres ressources que je m'étois ménagées, que je signay pour ma justification et que je donnay à son arrivée à M. de Belongat, qui commandoit les marins. Il avoit avec luy MM. Du Vergier, Verdier, le chevalier d'Oo, Cirfontaine, bombardier, le chevalier de Serisy, Beauregard, Bouville et les canonniers marins. Après dîner je m'en retournay rejoindre M. Du Brocard avec mes 200 canonniers et officiers d'artillerie, laissant à ces messieurs toute notre artillerie, les ouvriers, les conducteurs de charrois, les chevaux d'artillerie et le régiment de Montboissier.

Le 9 juillet, à 8 heures du soir, M. de Clermont estant encore à la tranchée, il luy arriva une lettre de M. le marquis de Chabannes, qui commandoit la tranchée de l'attaque de la

porte d'Ypres, par laquelle il luy mandoit que les batteries des
Marins n'avançoient pas, qu'ils y perdoient un nombre infini
de canonniers sans que rien finît et que le 1er ingénieur de ce
costé là (il l'appeloit Seroux et étoit de Compiègne) disoit
qu'il avoit poussé sa tranchée tout au plus loin qu'elle pouvoit aller, mais qu'on ne prenoit pas les places avec des pelles
et des pioches, et que si le canon ne tiroit pas, on feroit tuer
bien du monde sans rien faire. M. le comte de Clermont lut
cette lettre à M. Du Brocard, qui luy répondit que puisque
M. le mareschal de Noailles avoit mis là des marins pour l'Artillerie, il pouvoit les faire agir. J'entendis cette réponse, je
tiray M. Du Brocard en arrière, et luy dis qu'au fait il falloit
prendre cette place, et que je m'offrois d'y aller aider ces
Messieurs, de bonne volonté, sans demander aucun commandement sur eux. M. Du Brocard l'alla tout de suite dire au
Prince qui vint m'embrasser et me dit qu'il avoit toujours eu
estime de moy, mais qu'il voyoit que j'étois un Romain, ce
sont ses propres termes, de vouloir aller ainsi secourir des
gens qui m'avoient déplacé de mon commandement; il me
pria d'y aller, et je pris avec moy MM. Beloy de Mouton-
villiers et X.... Nous arrivâmes à minuit à la queue de la
tranchée et nous y rencontrâmes tout le gros canon et les
mortiers à la file, en attendant des ordres; les charretiers
couchés sur leurs chevaux, immobiles, pour éviter les coups
de fusil, l'ennemi faisant très grand feu au clair de la lune, et
il s'y tuoit du monde et des chevaux à l'aise.

Nous fusmes rejoindre M. le marquis de Chabannes à sa
baraque, où je trouvay M. de Belougat; je luy dis que nos
batteries étant toutes en jeu à l'attaque de M. Du Brocard, je
venois comme camarade du mesme métier luy offrir avec ces
deux officiers mes services, sans vouloir prendre aucun autre
rang avec MM. les Marins que celuy de leurs amis et compa-
gnons.

Il parut très content de sa bonne rencontre et me dit qu'il
suivroit volontiers mes avis. Je luy demanday alors ce qu'il

vouloit faire de toute cette artillerie qui étoit à la file, à la
queue de la tranchée. Il me dit que les conducteurs de charrois étoient tous des coquins, qu'il leur avoit ordonné de
mener le canon en batterie et qu'il ne sçavoit pourquoy il
étoit encore là. — Je luy demanday s'il avoit fait faire des
ponts sur les fossés et canaux qui se rencontroient sur la
route des batteries. Il me dit que non, — à quoy je répliquay,
comment il vouloit que le canon arrivât, puisqu'il ne pouvoit
passer à la nage. Et tout de suite je détachay mes deux officiers pour faire des ponts. Je luy demanday à visiter les batteries et je n'en trouvay aucune où il n'y eût encore beaucoup
à travailler. En les voyant je ne fus plus surpris qu'on y eût
perdu tant de monde. La plupart de ces batteries étoient en
gabions dans lesquels il n'y avoit point de terre.

Cette visite générale étant faite, j'allay moi-mesme chercher les pièces pour les placer, c'étoit vers les 8 ou 9 heures
du matin, par conséquent au grand jour. Elles arrivèrent
malgré mille obstacles dans une tranchée mal préparée pour
les recevoir. Il y en eut sept qui versèrent par des chevaux ou
charretiers tués et par d'autres épouvantés du plein jour.
Les quatre premières furent bientôt relevées, mais les trois dernières tinrent plus de tems. Cependant tout le canon qui étoit
arrivé en batterie tiroit vigoureusement et j'avois desja relevé
deux des trois dernières pièces, lorsque M. le mareschal de
Noailles arriva à la tranchée.

La première chose qu'il vit fut cette pièce versée et moy
occupé à la faire relever. Il crut apparemment que par rancune de ce que ces MM. m'avoient ôté mon commandement,
j'avois exprès fait verser cette pièce et il me demanda pourquoy cela étoit arrivé et que je l'avois aparament fait exprès,
mais qu'il m'ordonnoit de ne pas sortir de la tranchée qu'elle
ne fût relevée.

Je lui répondis que j'étois venu icy de bonne volonté pour
aider MM. les marins, que si cette pièce étoit versée je n'y
pouvois mais, et que nous n'étions pas d'ailleurs assez sots

ny idiots pour verser des pièces la nuit, afin de les relever en plein jour à la barbe de l'ennemi comme je le faisois.

Cette réponse ne luy plut pas. Dans le moment les ennemis arborèrent le drapeau blanc, ce qui l'empescha peut-être de me répliquer. Mais j'étois outré et je peux dire toute la tranchée et les généraux qui m'avoient veu manœuvrer et qui disoient mille choses flatteuses sur mon arrivée à cette attaque.

Si tost que le drapeau fut arboré, je laissay là la pièce, le mareschal, les marins, et je montay à cheval avec mes camarades et m'en retournay à notre camp.

Cette boutade de M. le mareschal fit bruit. M. Du Brocard l'ayant su, et se trouvant à souper chez le prince de Clermont, ne put s'empescher de dire à M. le mareschal qu'il avoit tancé à la tranchée l'officier qui méritoit le moins de l'estre et tout le contraire. Le mareschal, picqué de ce reproche en pleine table, luy dit de se taire, et que s'il luy raisonnoit il l'enverroit en prison dans une citadelle. Il fallut que M. Du Brocard se tût. M. le comte de Clermont étoit outré contre le mareschal et avoit dit qu'il s'en plaindroit au Roy. Je ne sçavois trop ce qu'il en seroit, quand j'appris par M. de Loyauté, notre major, que le prince Charles de Lorraine ayant passé le Rhin, le Roy alloit en Alsace au secours de M. le mareschal de Coigny, et que M. d'Aboville, mon frère et moy étions nommés par le mareschal de Noailles pour accompagner le Roy.

Le mareschal, qui avoit été mieux instruit, sembloit estre vrayment mortifié de son quiproquo. Aussy, si tost qu'il m'aperçut chez lui à Metz au milieu d'une grande foule d'officiers, il m'adressa la parole et me dit : « Monsieur Le Pelletier, c'est moy qui vous ay demandé icy et non aucun autre, c'est moy au moins, c'est moy », et me fit d'ailleurs mille politesses. Voilà le monde. Bien d'autres moins religieux que luy n'eussent pas réparé la chose.

Je partis avec 1400 chevaux d'artillerie escortés par le bataillon de Gaudechart et j'arrivay à Metz le 3 août.

Le roy Louis XV y étoit déjà, il tomba malade de la grande maladie dont il pensa mourir, la veille que j'en partis, sous les ordres de M. le chevalier de la Roche-Aymon pour aller faire repasser le Rhin au prince Charles de Lorraine, qui s'étoit avancé jusqu'à Saverne. Nous apprîmes à quelques lieues de Metz que le Roy étoit au plus mal, et nous fîmes toute cette route dans la plus grande consternation, qui étoit peinte jusque sur le visage de tous les soldats.

L'ennemi commença à reculer sitost qu'il vit l'armée de M. le mareschal de Coigny renforcée du secours que nous luy amenions; nous le poursuivîmes, mais comme l'armée marchoit avec plus de diligence que de précaution, on fut fort surpris d'essuyer tout à coup une fusillade d'un retranchement que les ennemis avoient fait dans un endroit de la chaussée. Comme on ne s'y attendoit pas, les uns étoient écrasés par la foule, les autres tomboient en bas de la chaussée, ce fut une scène tragi-comique. On se remit enfin et les ennemis abandonnèrent le poste dont nos grenadiers s'emparèrent. (*Affaire de Richenau ou de la Culbute.*)

Le prince Charles de Lorraine repassa le Rhin. Nous étions destinés pour harceler son arrière-garde; je luy envoyai un nombre assez passable de coups de canon, ce qui l'obligea de se retirer plus vite, et ce furent les derniers que l'armée de ce prince essuya cette campagne là.

IX

CAMPAGNE D'HIVER EN 1744

ET

CAMPAGNE DE 1746

Siège de Fribourg-en-Brisgau: M. de Malézieu: M. de Vallière. — Difficultés et dangers du siège. — Le Roi vient à la tranchée. — Réputation des frères Le Pelletier. — Bravoure de M. Le Féron, sa mort. — Le Pelletier retourne à Cambray avec le grade de brigadier des armées. — Campagne de 1746. — Siège d'Anvers. Le marquis de Thiboutot, le comte, depuis cardinal d'York. — Siège de Namur: M. d'Invilliers est blessé; mort du chevalier de la Gaucherie. — Bataille de Raucoux. — Nomination au commandement en chef de l'École d'artillerie de Grenoble.

A la fin de l'année 1744, commença le *siège de Fribourg*. M. de Vallière père y vint commander l'artillerie, au grand désagrément de M. de Malézieux qui en avoit fait tous les préparatifs et qui étoit commandant en titre de l'artillerie de l'armée et dans la province d'Alsace. Ce chagrin luy vint d'une querelle qu'il eut avec M. de Brou, aujourd'huy chancelier [1] et alors intendant d'Alsace. On fit venir M. de Vallière comme l'homme du jour. M. de Malézieux souffrit cette disgrâce en vray philosophe et n'en donna pas moins tous ses soings quoyqu'en second, comme s'il eût esté toujours chef.

1. Ou plutôt garde des sceaux. M. Feydeau de Brou devint garde des sceaux en 1762.

pour la réussite du siège dont il avoit fait tout le travail et les
préparatifs. C'étoit un homme droit, plein d'esprit, de religion
et de grande probité.

L'artillerie étoit la plus nombreuse qu'il y eût eu jusqu'alors.
Elle étoit commandée par M. de Vallière, qui de tout le siège
ne put, par ses infirmités et blessures, aller une seule fois à
la tranchée, mais sur les plans qu'il avoit et les comptes que
les commandants et aide-majors luy rendoient, il la conduisit
avec son expérience ordinaire. Il y avoit pour la servir les
bataillons de Fontenay, de Pombec [1] et de Gaudechart de
Royal-Artillerie et trois bataillons d'infanterie dont deux de
Bourbon.

Sous M. de Vallière étoient MM. de Malézieux et de la
Roche-Aymon, mareschaux de camp, d'Aboville et le baron
de Meslay, brigadiers, et moy, mon frère, le chevalier de la
Gaucherie, Roy du Guez et Du Gravier, commandants en
second. Nous roulions pour les jours de tranchée et toujours
deux de commandés à la fois, l'un pour la droite, l'autre pour
la gauche.

Les ingénieurs commandés par M. le comte d'Aumale firent
un canal fort long pour décharger les eaux de la rivière et la
saigner; ce canal pensa nous être fatal, parce qu'il coupoit
notre attaque en deux parties. On y avoit établi des ponts très
dangereux, n'y ayant pour les couvrir que de longues fascines
mises droites dans des gabions, qui ne couvroient guère les
allans et venans, d'ailleurs les coups de fusil passoient au
travers. Il ne laissa pas que d'y avoir beaucoup de gens tués
sur ces ponts; mais comme les travailleurs et troupes en
usoient perpétuellement, le nombre en fut très médiocre, eu
égard à ce qu'il pouvoit être. Les ponts furent aussi fréquem-
ment emportés par des crues et les communications rompu·s.

M. de Vallière ne voulut pas qu'on commençât à tirer que

---

1. *De Pambecque* (Alexandre-Eugène *de l'Echaute*), lieutenant dans
Royal-Artillerie en 1704, brigadier le 2 mai 1744, maréchal de camp le
1er janvier 1748.

tout le canon ne fût prêt en même tems à jouer de toutes les batteries. Ce retard enhardit les bourgeois et les dames et les moines à nous venir insulter sur les remparts, en nous disant que nous avions apparemment vendu nos pièces pour avoir de la poudre, dont ils croïoient que nous manquions. Mais ils furent bien surpris quand tout commença à tirer à la fois; nous ne vîmes plus depuis ce tems là de promeneuses sur le rempart, et si au lieu de commencer nos salves sur les midy où chacun étoit allé dîner, nous l'eussions fait plus tost ou plus tard, il y eût eu du sang femelle répandu.

On verra par les relations de ce siège combien il dura et combien on eut de tems contraire et de fatigue et d'obstacle; l'eau étant dans toutes les tranchées, où on en avoit jusqu'au genou, la gelée et la neige en sus. On se seroit rebuté et on eût levé le siège, si la présence du Roy, rétably de sa maladie, n'avoit forcé à le continuer. Il alla plusieurs fois voir le siège de dessus une montagne qui découvroit tout. Un jour que mon frère et moy étions de tranchée, nous redoublâmes beaucoup notre feu, le Roy fut surpris de cette vivacité d'artillerie. Un seigneur luy dit : « Sire, faut-il s'en étonner, c'est MM. Le Pelletier frères qui sont aujourd'huy de tranchée ». Nous venions de faire les sièges de Flandre avec le Roy, il n'est pas étonnant que nous fussions alors plus connus à la Cour que les officiers que nous avions rejoints en Allemagne. Il est vray que sortant de sous les ordres de M. de Vallière, sous lequel nous fûmes connus à Menin, Ypres, Furnes, nous avions acquis une réputation. M. de Malezieux me gronda d'avoir trop usé de boulets et de poudre; je luy dis que le Roy estant à la tranchée, j'avois cru qu'il étoit de son honneur comme du nostre de faire grand feu.

Ce siège fut très long et meurtrier, entrepris d'ailleurs dans l'arrière-saison, qui fut mauvaise; on y perdit beaucoup d'ingénieurs et 77 officiers d'artillerie.

Un jour je causois dans une batterie avec plusieurs officiers, lorsque je fus surpris de les voir me quitter précipitamment pour s'enfoncer dans la batterie; c'étoit une bombe qui vint tomber très près de moy et d'un baril de poudre découvert. Je me couchay pour la laisser achever de fuser et crever, ce qu'elle fit sans mettre le feu au baril de poudre, et j'en fus quitte pour un caillou qui frappa la forme de mon chapeau et dont je ressentis des douleurs pendant 3 mois. Ces accidents sont communs aux sièges et je ne parle de celuy-cy que parce qu'il me revient en idée.

Nous perdîmes à ce siège notre neveu M. Le Féron, qui étoit déjà, quoyque tout jeune, dans une grande réputation de valeur. Il avoit déjà été blessé 3 fois à ce siège. Enfin la veille ou surveille de la Toussaint, estant à la batterie du chemin couvert de M. de la Pelouze, son brigadier, il s'amusa à tirer des coups de fusil sur des officiers de la garnison cuirassés avec des pots en teste, qui fusilloient dans nos batteries. Un d'eux luy perça trois fois son chapeau par une balle, mais sans le toucher. Cet avertissement ne l'affecta point et il recommença encore à tirer le lendemain. C'étoit son dernier jour de tranchée, et il alloit être relevé; on avoit envoyé des dragons pour tirer sur ces gens là et on luy dit de descendre pour leur faire place. Il demanda un fusil pour tirer seulement encore un coup, et dans le moment il reçut trois balles dans la teste au travers de son chapeau déjà criblé.

Il fut enterré dans un jardin près de la chapelle de notre quartier, qui étoit déjà rempli entièrement d'officiers tués.

C'étoit un des plus braves et des plus déterminés jeunes officiers qu'on puisse voir à cet âge là. On ne parloit que de son intrépidité et de ses actions de valeur en nombre de rencontres. M. le comte d'Eu, notre Grand-Maître, le regretta beaucoup et accorda que mon fils aîné [1] fût reçu surnuméraire quoyqu'il n'eût pas l'âge, comme espèce de consolation pour la perte que nous faisions.

La ville rendue, nous ramenâmes notre artillerie à Stras-

—————
1. Il était né le 2 décembre 1735.

bourg, d'où je partis dans ma chaise à deux, y donnant une place à M. d'Aboville, et j'arrivay à Compiègne, où je trouvay Mme Le Féron, ma sœur, dans la plus extrême affliction qu'on puisse comprendre. Il lui reste un autre fils tout aussy brave et aussy méritant, aujourd'huy capitaine aux dragons de Caraman.

Je fus fait le 1er novembre 1744 brigadier des armées du Roy.

J'avois reçu mes ordres pour retourner à Cambray, qu'on avoit choisi pour faire les préparatifs du grand siège qu'on vouloit entreprendre, mais qu'on ne nommoit pas; je devois aussi rapprovisionner la place de façon à pouvoir soutenir un siège, remonter toutes les bouches à feu, réparer les armes, outils de pionniers, enfin toutes choses. M. de Saint-Périer, lieutenant général du département, m'envoya les fonds que je demandois, et après avoir tout terminé, j'eus, je crois, 5 500 livres de reste que je renvoyai à M. de Saint-Périer, qui en fut fort surpris, n'étant pas accoutumé à ces renvois d'argent, mais qui ne m'en marqua pas plus de gré, car il n'y avoit que ses neveux qui pussent luy plaire.

On ne sçavoit pour quel siège tout cela se faisoit. La maison du Roy étoit alors à Cambray. Un soir, comme j'arrivois chez M. de Laurière, lieutenant de Roy de cette place, et qu'il y avoit un monde infini chez luy, il vint au devant de moy et me remit une lettre de M. le Mareschal. Je l'ouvris et alors lui dis et à la compagnie qu'il n'y avoit plus de mystère et que c'étoit le siège de Tournay qu'on alloit faire, et que c'étoient les ordres de la cour pour y faire marcher toute notre artillerie, ce que je fis le lendemain matin.

J'eus le cœur bien gros d'avoir fait une grande partie des préparatifs de ce siège et de ne pas en estre, mais dans ce tems là M. le comte d'Eu, notre Grand-Maître, fesoit successivement servir ses lieutenants de deux années l'une, et j'avois fait la campagne précédente.

On fit donc le siège de Tournay, puis il y eut la bataille de

Fontenoy et ensuite l'affaire de Mesle où M. de Bassal se distingua et fit bien jouer son artillerie. Le pauvre M. Du Brocard [1], mareschal de camp et commandant l'artillerie, fut emporté d'un boulet de canon à Fontenoy. Ce fut une perte pour le Roy, et qui fut très grande pour le Corps; c'étoit le plus zélé que j'aye connu pour nos intérêts. En allant à Tournay, il passa à 5 heures du matin à Cambray; comme il changeoit de chevaux, il m'aperçut que j'allois aux travaux. Il fut content de me voir matinal et me marqua ses regrets de n'avoir pu m'obtenir pour cette campagne.

On commença cette année 1746 à faire le siège de Bruxelles en janvier. Mon frère et moy nous reçûmes des ordres dattés du 7 mars 1746 pour servir à l'armée de Flandres, et je fus détaché pour aller faire le *siège de la citadelle d'Anvers.*

M. le marquis de Thiboutot [2] s'y trouva mon ancien. M. le comte de Clermont prince, de qui j'étois plus connu, me fit venir chez luy et me dit qu'il ne connoissoit pas ce M. de Thiboutot, et qu'il vouloit que je luy rendisse compte de tout et que l'on m'obéît par préférence. Je luy répondis que j'étois extrêmement pénétré de la confiance qu'il avoit en moy, mais que M. de Thiboutot étant l'ancien, je le priois que ce fût luy qui luy rendît compte. Que c'étoit un ancien officier qui avoit servy dans la cavallerie, le génie et l'artillerie, et qu'il pouvoit compter sur luy. Qu'au surplus nous étions amis et qu'il y avoit apparence que nous agirions toujours de concert. Et cela fut aussy dans tout le siège.

Le comte d'Yorck, fils du prétendant d'Angleterre, alors séculier, vint voir ce siège; le prince de Clermont me donna à luy pour le conduire et expliquer toutes les tranchées. Il est aujourd'huy, en 1764, le cardinal d'Yorck.

Pendant ce tems M. le prince de Conty fit les sièges de Mons

1. Henri de Baraillon du Brocard : voir p. 73, note.
2. *Marquis de Thiboutot* (Louis-François), brigadier le 1er janvier 1740, maréchal de camp le 2 mai 1744.

et de Saint-Guillain, mon frère commanda l'artillerie au siége de Saint-Guillain.

Après ces expéditions, M. le mareschal de Saxe fit rejoindre l'armée de Conty avec la sienne et nous vinmes camper en avant de Bruxelles. Je fus commandé comme brigadier pour estre de piquet. C'étoit M. de Montboissier, des mousquetaires, lieutenant général, qui fut de jour, avec M. le prince de Soubise, alors mareschal de camp. Le premier me prit avec luy pour faire la visite des postes. Le lendemain, l'armée marcha sur Louvain, les officiers généraux de jour la veille sont obligés de faire dans ce cas l'arrière-garde de l'armée. Celle-ci marchant sur deux colonnes, M. le prince de Soubise commanda l'arrière-garde de la première et moi comme brigadier celle de la seconde....

Les ennemis ayant été obligés de changer leurs positions par l'habileté des marches de M. le mareschal de Saxe, nous allâmes investir les *ville et citadelle de Namur*, notre armée étant commandée par le comte de Clermont, et le mareschal avec la sienne faisant face aux ennemis pour nous couvrir.

Je fus logé avec M. de Thiboutot dans un château qui appartenoit à un gentilhomme enfermé dans la place. Sa femme, qui étoit preste d'accoucher, venoit d'arriver de Namur pour éviter le siége. Nous luy allâmes rendre nos respects et tâcher de la rassurer. Je crus qu'il convenoit de luy donner à dîner, et nous ne songions à table qu'à luy faire toute sorte de politesses. Nous en étions au dessert lorsque je reçus l'ordre de monter à cheval et d'aller tracer les batteries pour l'attaque entre le fort Coquelet et la Meuse. On en fit encore une de l'autre costé de la Meuse, où d'Invilliers eut le bras cassé. Ce fut devant le fort Coquelet que le chevalier de la Gaucherie, qui s'étoit très distingué par sa grande valeur à Dantzick avec M. Bassat, fut tué d'un boulet.

Le gouverneur abandonna la ville et se retira avec sa garnison dans les forts. Il fit demander qu'on luy envoyât des officiers d'artillerie, qui mesurassent avec luy les bresches, pour en tirer un certificat comme la bresche avoit tant d'étendue, afin de prouver à la République qu'il n'avoit pas rendu la ville trop tost. Le Prince me chargea de cette besoigne et j'emmenai avec moi M. de Rostaing.

Ensuite l'attaque de ces forts redoutables se fit de tous costés. Celuy d'en bas pensa être surpris par la témérité d'un mousquetaire ou volontaire, qui, trouvant le moyen d'approcher des échelles, parvint à monter sur le rempart du fort et il l'auroit surpris s'il n'eût crié trop tôst « tue! tue! » — Ces châteaux si formidables ne firent pas la défense qu'ils auroient pu faire, s'étant rendus le lendemain que la ville eut capitulé.

Nous partîmes quelques jours après pour rejoindre M. le mareschal de Saxe qui nous porta en avant pour aller attaquer les ennemis à *Raucour*.

Je ne sçais quel fut l'objet de sa bataille, on alloit entrer en quartiers d'hyver. On dit que les Hollandois et leurs confédérés tenoient, malgré leurs pertes, des discours si hauts pour donner la loi aux conférences de paix, que le Mareschal eut ordre de donner une bataille qui ne pouvoit plus nous procurer aucun autre avantage que de leur rabattre le ton.

Nous partîmes à la pointe du jour et suivîmes le chemin de Liège jusqu'aux premières maisons en avant du village de Varoux qui tient au faubourg de Liège. M. le comte de Clermont, M. le comte d'Estrées, M. de Lowendal montèrent en haut d'une maison pour voir la position des ennemis, et j'y montai avec eux. Après quoy ils firent leurs positions, comme M. le mareschal de Saxe les fesoit du costé du village de Raucoux. Mon frère commandoit des divisions d'artillerie à la gauche du costé de Raucoux, comme j'en commandois à la droite en l'armée de M. le comte de Clermont.

Je fis pointer plusieurs pièces sur des piquets d'infanterie qui se glissoient pour couper notre infanterie par les derrières, ce qui les fit promptement rétrograder. Ayant remarqué que la cavallerie ennemie vouloit aussy s'étendre pour couper notre aisle droite, je fis buter longtems contre cette cavallerie, qui se rebouchoit sitost que le canon y avoit fait bresche. Ils eurent beaucoup à souffrir, quelque effort qu'ils fissent pour s'étendre par leur gauche du costé du village, les premiers escadrons étoient incessamment canonnés.

Je fis avancer d'autres brigades pour lutter contre une batterie considérable que les Anglois avoient faite sur un saillant du sommet du ravin à une portée de canon de nous. Nous gaignâmes sur eux la supériorité, notre canon étant de plus gros calibre.

M'étant avancé pour faire faire quelques mouvements à de nos batteries, je pensay être investi par la cavallerie et écrasé sous les pieds des chevaux, comme il étoit presque arrivé à mon grand père à la bataille de Nordlingue. Mon domestique qui me menoit mon cheval s'étoit sauvé au premier coup de canon, et étoit allé dire à mon frère à l'aile gauche que j'avois été tué.

Quand les ennemis se retirèrent, sur l'ordre du mareschal de Saxe, deux de mes brigades de 16, dont l'une étoit commandée par M. de Moüy, allèrent à leur poursuite, pesle mesle avec les houzards; elles tiroient de tems en tems, puis elles galopoient avec les houzards en les rejoignant. Ce qui divertit beaucoup le mareschal.

On fit des prisonniers, un petit soldat des volontaires de La Morlière amena à M. le comte de Clermont un officier ennemi, homme de belle taille, qu'il avoit fait prisonnier, et en le présentant il dit : « Tenez, mon prince, je vous remets mon prisonnier, gardez-le, je vais vous en chercher un autre », et part du pied pour retourner à sa troupe.

Un de nos canonniers venant secourir un de ses camarades blessé, celuy-cy luy dit : « Hé, laisse-moy mourir et retourne à la poursuite des ennemis ».

Peu de jours après, nous remmenâmes notre artillerie en Flandre.

Le 13 may 1746 est né à Compiègne mon troisième fils, Louis-François, dit le chevalier de Glatigny.

J'ay acquis le fief de Glatigny, situé à Béthisy, le 29 novembre 1746, et le Soupiseau le 28 avril 1749.

Le 1ᵉʳ novembre 1746, je reçus mes lettres de commandant en chef de l'école de Grenoble et de lieutenant provincial au département de Dauphiné, M. de Sabrevois ayant eu celuy de Besançon.

X

COMMANDEMENT D'ÉCOLES

SUPPRESSION DE LA CHARGE DE GRAND MAÎTRE
DE L'ARTILLERIE

Le budget d'un brigadier des armées en 1747. — Campagne contre le roi de Sardaigne. — Marchés de la guerre. — Échec du camp de l'Assiette. Mort du chevalier de Belle-Isle, et de M. d'Arnaud, maréchal de camp. — Le Pelletier est nommé maréchal de camp (1748) et commandant en chef de l'École de la Fère (1749). — Administration de l'École, Picards et Provençaux. — Suppression de la charge de Grand Maître de l'artillerie. Réunion du corps d'artillerie, du régiment de Royal-Artillerie et du génie sous la direction de M. de Vallière; nombreux changements. — Le Pelletier est chargé du département général de Normandie à la place de M. de la Roche-Aymon. Il est nommé l'un des six inspecteurs généraux d'artillerie.

En 1747, on fit le siège de Berg op Zoon, où l'on perdit presque autant de monde qu'à Fribourg. Pour moy je partis de Compiègne vers le mois de mars, avec mes deux premiers fils, et allay prendre possession de mon commandement en chef de l'*École d'artillerie de Grenoble*. J'étois parti de chez moy dans ma voiture avec deux bons chevaux, et tout le long de la route j'instruisois mes enfans de la géographie et de la carte du pays. J'acheptai un carroce et je tenois un estat très honneste. Je n'avois d'appointements que 2 400 livres comme commandant d'École et 1 800 livres comme chef du Département. Je touchois de plus les appointements d'officier pointeur de mon fils aisné. Je n'eus de la cour que 1 000 livres de gratification la première année et 400 livres par mois, la seconde campagne, comme employé à l'armée de Belle-Isle. Je suis encore surpris d'avoir pu vivre dans cet estat là, aussy décemment et donnant souvent à manger, avec si peu d'appointements.

M. le mareschal de Belle-Isle qui commandoit l'armée de Provence aïant eu dessein d'attaquer le roy de Sardaigne par le Piedmont, avoit fait ordonner un équipage de campagne que je commanday comme se trouvant assemblé dans mon Département et aussy un équipage de siège. Je luy soumis un estat général de tout le poids de l'artillerie que j'avois à faire passer en Haut-Dauphiné et du nombre de voitures, chevaux et mulets qui étoient nécessaires. L'intendant ayant refusé de s'en mesler, je passay, sur l'ordre écrit du Mareschal, des marchés en Provence pour les moïens de transport qui me manquoient. J'allay ensuite chez l'Intendant et luy dis que j'avois fait mon marché à 12 livres du quintal et que je l'avois envoyé à la cour. M. Magalon, frère de M. de la Morlière, commissaire des guerres et secrétaire général de l'Intendance, en fut furieux et dit brusquement à l'Intendant qu'il avoit fait une belle sottise, que la Cour avoit mon marché à 12 livres du quintal et que le sien pour les vivres et le fourrage étoit de 17 livres et que cela alloit faire beau bruit.

Cela fit que l'Intendant fut obligé de remettre tous ses marchés à 12 livres et qu'il n'y eut plus de revenans bon et de profits pour personne, et c'étoit là le nœud gordien.

Les bureaux me cherchèrent chicane sur tout et n'en laissoient échapper aucune occasion, mais il me fut facile de répondre à tout, et de me peu embarrasser de leur mauvaise humeur. Quand on a un droit on va la teste levée.

J'allay à Mont-Dauphin où étoit l'assemblée de l'équipage. M. de Loyauté, qui étoit en second sous moy, connoissoit depuis longtems M. le chevalier de Belle-Isle, frère du mareschal; il se ménagea auprès de luy l'avantage de partir avec la 1re division qui alla attaquer le camp de l'Assiette. Le che-

valier de Belle-Isle eut le tort de ne mettre avec les troupes
qui marchoient que des petites pièces de canon à dos de
mulet.

Ce camp étoit fortifié d'un mur en pierres sèches sur la
creste d'une montagne de très difficile accès. Du gros canon
eût détruit ce mur, et, dispersant ses pierres sur les défen-
seurs, en eût fait autant de cartouches contre eux. On voulut
attaquer le camp de vive force et l'escalader; le chevalier de
Belle-Isle fut tué avec M. d'Arnaud, mareschal de camp, cy-
devant lieutenant-colonel du régiment de Montboissier, qui
avoit été sous mes ordres pour l'artillerie à Furnes. Bref ce
fut une très malheureuse journée où nous perdîmes un monde
infini, que leur bravoure engageoit à vouloir forcer un retranchement impraticable sans bresche, et qui furent tués du
haut de ce retranchement comme on tueroit des volailles à
coups de fusil dans une basse-cour.

La campagne finie je m'en retournay à Grenoble avec mon
fils aisné. Mon second fils de Liancourt étoit resté en pension chez M. Dupuis, répétiteur de l'École. J'aurois pu le faire
officier, il étoit un des plus anciens surnuméraires, et tout
autre que mon fils eût suivi son rang. Je le trouvay trop jeune [1]
et en choisis d'autres qui étoient plus en état de faire campagne.

En 1748, le duc de Parme vint à Grenoble avec le duc de
Modène et on leur fit de grandes festes. Je partis pour notre
armée du Haut-Dauphiné avec le titre de commandant de cet
équipage; je visitay les places et particulièrement Briançon,
que je regarde comme la plus forte de l'Europe; je fis des
projets de bâtiments et magasins à poudre dans différentes
places comme à Mont-Dauphin, et à Embrun un arsenal.
Mon artillerie étoit dispersée avec les différentes divisions de
troupes qui gardoient les gorges des montagnes, M. le marquis de Mirepoix, d'Argouges, etc., officiers généraux, M. de

____

1. Il avait neuf ans, étant né en 1738.

Maricul commandant à Mont-Dauphin et M. de Crussol à
Guillestre.... J'avois été fait mareschal de camp le 1er janvier 1748.

Le 15 septembre 1749, je fus nommé commandant en chef
de l'*École d'artillerie de la Fère* et lieutenant provincial de
ce département ; c'étoit tout ce que je pouvois souhaiter pour
la proximité. Cette École et celle de Grenoble étoient les
plus considérables et nombreuses en officiers et surnuméraires. J'avois en second M. de Moüy [1], et M. de Bellecour
en 3e. Le premier, toujours ambitieux de parvenir avant son
tour, s'étoit flatté de succéder de préférence à moy à
M. d'Aboville, qui avoit quitté la Fère pour remplacer M. de
Saint-Périer au département général de Flandres.

Je trouvay messieurs les Picards et les Normands dont étoit
composée cette école beaucoup plus difficiles à mener que
nos Dauphinez et Provençaux. Je parlay ferme sur les assemblées de corps fréquentes qui se fesoient sans la permission
des commandants et je punissois les petites fautes pour n'en
avoir pas à punir de grandes. Dans tout le tems que j'ai commandé cette école et celle de Grenoble, je n'ay jamais écrit
une lettre contre qui que ce soit. On me fit des reproches de
ce qu'on sçavoit qu'il y avoit eu des révoltes à la Fère et que
je n'en avois pas rendu compte à la Cour. Je répondis que je
croïois qu'elle avoit assez d'affaires, sans être étourdie de
fredaines de jeunes gens, qu'elle m'avoit donné assez d'authorité pour n'avoir pas besoin de l'implorer pour remettre
les choses en règle.

J'avois prévenu les officiers que je ne voulois pas absolument qu'ils se mélassent de chasser d'eux-mesmes ceux d'entre
eux qui pouvoient le mériter. Je leur dis que ce seroit doré-
navant moy qui me chargerois de les renvoïer quand j'en

1. *De Moüy* (Pierre-François *Ansard*), aide de parc à Strasbourg en 1720,
brigadier le 1er janvier 1748, mareschal de camp le 20 février 1761, mort
lieutenant général en 1771.

saurois une cause raisonnable, que j'attendrois pour cela que l'Inspecteur eût fait ses examens, et que je donnerois un congé au jeune homme et que tout de suite j'écrirois à ses parents de ne plus le renvoyer et pourquoy. Que par cette façon d'agir je sauvois à des gens peut-être très respectables le chagrin de voir leurs enfans deshonorés pour toute leur vie, et que souvent les mesmes jeunes gens pouvoient reprendre des sentiments et devenir de bons sujets, ce qui réussit à plusieurs.

Depuis moy, on n'a pas beaucoup suivi cette façon d'agir; aussy la Cour a-t-elle eu de la pratique pour remettre la discipline, si tant est qu'elle le soit. Il a fallu aller jusqu'à envoyer M. de Cremilles [1], ministre, pour des révoltes qu'on eût pu apaiser et punir sans tant de fracas.

Ma mère mourut le 1er novembre 1749; personne n'étoit plus charitable qu'elle, elle visitoit souvent les malades de son village, les secouroit et donnoit des soins à ceux que personne ne vouloit approcher....

En 1755, M. d'Argenson, ministre, vint visiter l'École de la Fère, avec M. le comte de Maillebois. M. de Vallière fils, directeur des écoles, s'y trouva. On exécuta devant le ministre une attaque du Polygone, on fit sauter beaucoup de fourneaux de mine, et on luy montra tous les différents exercices de nos Écoles.

Quelques années avant, j'avois eu une pension de 1 000 livres sur la croix de Saint-Louis.

*
* *

Depuis longtems les ministres de la guerre se trouvoient choqués par l'authorité des Grands-Maîtres de l'artillerie. Cette

---

1. Le *marquis de Crémilles*, lieutenant général, avait été choisi pour concourir avec le maréchal de Belle-Isle, ministre, à l'expédition des affaires de la guerre.

charge de la couronne avoit toujours été possédée par des princes ou des grands seigneurs qui avoient du crédit. M. le comte d'Argenson, ministre de la guerre, crut trouver le moment d'en faire la conqueste en la faisant supprimer. Elle étoit alors possédée par M. le comte d'Eu, et son frère le prince des Dombes avoit aussy hérité de M. le duc du Maine, leur père, fils légitimé de Louis XIV, de la charge de colonel général des Suisses. Le Prince vint à mourir et on profita de cette circonstance pour offrir au comte d'Eu la charge de son frère, à la condition qu'il remettroit au Roy la charge de Grand-Maître de l'Artillerie, qu'il aimoit plus que celle qu'on luy offroit. On luy fit croire que cela plairoit au Roy, et Mme la comtesse de Toulouse, sa tante, et M. de Brasac, son premier gentilhomme, qui en eut le cordon rouge, persuadèrent si bien le Prince, qu'il se laissa aller et consentit à tout, dont il se repentit. Le prétexte de cette démission étoit que le Roy vouloit réunir l'Artillerie, Royal-Artillerie et le Génie dans un mesme corps sous l'authorité du Bureau de la Guerre.

Le comte d'Eu eût pu parer cette botte en disant au Roy que la guerre allant commencer, ce n'étoit pas le moment de changer totalement de face et de constitution des corps qui avoient tant de part aux événements, et que cela ne pouvoit se faire sans risquer beaucoup dans une telle circonstance. S'il eût promis que la guerre finie il feroit tout ce qu'on exigeroit, il eût conservé cette charge, puisque le ministre fut déplacé avant la fin. Le Roy ne supprima pas expressément la charge, mais il n'y nomma personne. (Ordonnance du 18 décembre 1755.)

Pour faire voir au Roy l'avantage qu'il trouvoit à cette nouveauté, il falloit avoir des projets à présenter; on retrouva dans les archives des bureaux de la guerre un projet que M. de Vallière le père, ce grand homme, avoit donné à M. le duc d'Orléans régent, dans la minorité de Louis XV, pour incorporer tous ces corps ensemble et que le Régent avoit

refusé, ne voulant pas ôter cette charge à M. le duc du Maine
qu'il estimoit, quoyqu'il fût brouillé avec luy.

M. de Vallière le fils se trouvoit alors Directeur et Inspecteur général des bataillons et Écoles d'artillerie. On jetta
dabord les yeux sur luy pour le mettre à la teste de tous ces
corps sous l'authorité du Ministre. Il avoit avant luy presque
tous les lieutenants généraux d'artillerie, mais il ne s'en
trouva alors aucun qui fût au bureau de la guerre en quelque
commerce; comme inspecteur il y étoit plus attaché que les
autres, qui dépendoient plus particulièrement du seul Grand
Maître.

On fit donc la réunion des trois corps, et un beau matin,
sans que nous nous en fussions doutés en la moindre chose
chacun se trouva en mesme temps ingénieur, officier d'infanterie et officier d'artillerie. L'ordonnance du Roy le portoit, et *ab hoc et ab hac* on étoit employé au hazard en ces
différentes qualités, comme cela se trouvoit.

Ce miracle n'eût pu se faire que par le Saint-Esprit, comme
il en fit un, lorsque descendant par des langues de feu, il est
dit dans les saints livres que sur-le-champ les Apôtres parlèrent différentes langues, *loquebantur variis linguis*. L'opération de l'ordonnance n'eut pas un effet si miraculeux et l'on
se fût bien aperçu de l'erreur, s'il y eût eu bien des sièges
considérables à faire dans cette malheureuse guerre. Aussy
il paroît surprenant qu'après la guerre de 1743 où l'artillerie
de France avoit fait des miracles dans quantité de sièges des
plus fortes places de l'Europe, on eût imaginé de donner une
nouvelle constitution à des corps qui avoient fait des preuves
aussy éclatantes de leur bonne forme, et que nos ennemis et
enfin le Roy luy-mesme avoient avoué gaigner la supériorité
sur tous les corps d'artillerie étrangers.

Aussy depuis, on a remis le génie dans sa forme première
et on a fait tant et tant de changements dans l'artillerie, qu'il
n'y a qu'à suivre la lecture des ordonnances pour voir toutes
les erreurs, puisque continuellement l'une détruit l'autre.

M. de Vallière commença son espèce de ministère par des
coups d'éclat pour ses amis et pour ceux qui ne luy plaisoient
pas. — J'étois alors mareschal de camp et le plus ancien commandant en chef des écoles, mon frère dans le mesme grade
étoit le second. MM. de Rostaing, Guiol et d'Invilliers en
grade inférieur avoient les trois autres commandements. Je
fus bien surpris de recevoir une lettre du ministre par laquelle
il me marquoit que le Roy étoit bien content de mes services,
mais que par les nouveaux arrangements, il avoit besoin de
ma place pour la donner à M. de Bréande[1]. Mon frère et d'Invilliers furent aussy réformés.

J'attribuay le nœud gordien de cette affaire à ce M. de
Bréande estant le plus ancien capitaine des 5 bataillons de
Royal-Artillerie pour monter à la lieutenance-colonel, et
M. de Cosne, cousin de M. de Vallière, le suivant après, M. de
Vallière avoit voulu faire sortir Bréande par une belle porte
et gaigner son rang.

Peu après, je reçus l'ordre d'aller faire le département
général de Normandie à la place de M. de la Roche-Aymon[2],
que son grand aage et ses infirmités mettoient hors d'estat
d'y aller commander dans le moment où l'on entroit en guerre
avec les Anglois et où il falloit un chef à l'artillerie pour la
guerre des costes.

Pendant les 3 années que j'ai été employé en Normandie
(1757-1758-1759), je servis la première en qualité de lieutenant
général d'artillerie à la place de M. de la Roche-Aymon; la
seconde année, ce corps ayant changé de constitution, je
servis comme directeur de l'artillerie en Normandie et la troisième comme inspecteur général. Rien n'est plus singulier que
les fréquens changemens en tous genres qui se sont produits
dans ce corps.

1. *De Bréande* (Pierre-Bonaventure *Villiain*), cadet en 1720, brigadier le
25 juillet 1762, maréchal de camp le 3 janvier 1770.
2. *Chevalier de la Roche-Aymon*, cadet dans Royal-Artillerie en 1701,
lieutenant général le 20 février 1743, mort le 22 mars 1759.

Je fis la visite des places et trouvay mon fils aisné dans le bataillon commandé par M. de Soucy ; il me vint voir à Caen où je faisois ma résidence quand je n'étois pas en tournée. Je formay promptement un équipage d'artillerie de campagne pour le joindre à la petite armée prête à aller à la rencontre de l'ennemi, et pourvus à garnir les batteries et les places de ces costes, qui ont environ 170 lieues d'étendue.

La flotte angloise menaça de faire une descente à Granville, puis retourna sur la Hougue. On envoya de la Cour M. le mareschal de Luxembourg ; notre petite armée se rassembla et marcha jusqu'au camp de Montépinguet, par delà Valogne. Le mareschal avoit apparemment ordre de ne pas attaquer les Anglois à Cherbourg, car l'aïant pu, il ne le fit pas. Les Anglois avoient fait leur descente sans opposition : ils entrèrent dans Cherbourg, démolirent le plus qu'ils purent de batteries, enclouèrent le canon, ravagèrent un canton de païs, brûlèrent les vaisseaux qu'ils trouvèrent dans le port, et voyant que notre armée les approchoit, ils se rembarquèrent sans essuyer aucune perte.

Quelque tems après, les ennemis reparurent du costé de Grandville. Je partis de nuit précipitamment avec l'armée et l'artillerie pour nous rendre à Grandville, où l'on établit un camp, d'où nous vismes la bataille que M. le duc d'Aiguillon gaigna sur les Anglois qui avoient fait une descente à St-Malo. Nous n'en voïons que la fumée et entendions le canon. Les Anglois furent mieux reçus là qu'en Normandie, perdirent la bataille et se rembarquèrent.

M. de Vallière comptoit avoir toute sorte d'authorité sur le corps royal d'artillerie ; les bureaux en furent jaloux ; on imagina de faire une nouvelle ordonnance par laquelle on créa 7 inspecteurs généraux. M. de Vallière eut le titre de directeur, mais on ne luy attribua aucune authorité sur les autres et on leur partagea les départements en conséquence. C'étoient M. de Vallière, directeur, M. d'Aboville, moy, mon frère le

chevalier. MM. de Fontenay, de Rostaing [1] et Des Pictières [2],
auxquels on adjouta depuis M. Guiol, et M. de Moüy à la
place de M. d'Aboville.

1. *Marquis de Rostaing* (Louis-Charles), aide de parc en 1712, brigadier en 1747, maréchal de camp le 1er mai 1758, lieutenant général le
25 juillet 1762.

2. *Chevalier des Pictières* (César *Taschereau*), aide de parc le 15 mai 1712,
brigadier le 10 mars 1747, maréchal de camp le 1er mai 1758.

XI

GUERRE DE SEPT ANS
INSPECTIONS GÉNÉRALES

Le 17 décembre 1759, il se fit une promotion de lieutenants généraux. J'étois le plus ancien et fus oublié ; je me trouvay à Versailles au commencement de 1760 pour porter mes plaintes, et dis à M. le mareschal de Belle-Isle, alors ministre, que puis-qu'on ne vouloit pas me compter le service des costes, je demandois à servir en Allemagne sous mon frère, et je l'obtins.

Le tems que mon frère avoit été à Metz commandant en chef de l'École luy avoit procuré toute la faveur du mareschal de Belle-Isle, qui, dès qu'il fut ministre, luy fit commander en chef l'artillerie à l'armée d'Allemagne, et M. de Vallière s'étant retiré pour sa santé ou par mécontentement, mon frère devint l'officier le plus accrédité. La bataille que gaigna le mareschal duc de Broglie (à Bergen) luy procura le grade de lieutenant général et ensuite le cordon rouge. Il avoit la confiance du mareschal, il venoit de commander 5 années de suite l'artillerie en chef à l'armée, quelque cabale qui se fit pour le déplacer. — Mais le mareschal aïant été disgracié, mon frère perdit son commandement, et resta à estre inspecteur général comme les autres, par les mesmes intrigues des protégés de M. le prince de Soubise, qui avoit remplacé le mareschal de Broglie.

Je gaignai Neuss où étoit notre quartier d'assemblée; j'avois mon fils aisné avec moy, qui me servoit d'aide de camp et de sous-aide-major. Notre armée s'appeloit l'armée du Bas-Rhin et celle de M. de Broglie l'armée du Haut-Rhin. Mon équipage ne fut jamais rejoint à celuy de mon frère.

Ce fut d'abord M. le comte de St-Germain qui commanda notre armée; il comptoit reprendre Munster et faire d'autres conquestes et par là obtenir le bâton de mareschal de France. Il n'en fut rien.

J'allay à Dusseldorf pour prendre les ordres de M. de Saint-Germain; je le trouvay fort triste de ce qu'il avoit commandement du mareschal de ne pas suivre la route de Munster et de Wesel et de s'approcher successivement de l'armée du Haut-Rhin.

Le mareschal de Broglie et les ennemis étant en présence à *Corback*, il y eut ordre à M. de Saint-Germain de rejoindre en toute diligence. L'on étoit ce matin là au fourrage. M. de St-Germain partit seulement avec quelques brigades et régiments et s'y trouva. Le bien qu'il fit fut oublié, on luy reprocha de s'être trop arresté en chemin, malgré l'attirail qui le suivoit et dont on profita bien à la grande armée qui en avoit grand besoing.

Après l'affaire de Corback, notre armée se jetta sur sa gauche et à quelques jours de là, lorsque nous y songions le moins, notre général nous quitta clandestinement et nous apprimes

le lendemain qu'il s'en étoit retourné à Dusseldorf, ville à
l'électeur Palatin, puis quelque tems après qu'il avoit passé
au service du Roy de Danemark.

On envoya à sa place le chevalier du Müy, lieutenant
général. Il se porta par une marche forcée sur *Volmeisen*. Le
général Lukner [1] occupoit ce poste qui étoit en deça de la
rivière ; il décampa bien vite pour se porter sur la hauteur de
l'autre costé de la rivière. On força Volmeisen en tirant
quelques coups de canon dans les portes. Les ennemis avoient
placé de l'autre costé de cette ville du canon sur une petite
butte. J'eus ordre de les déloger ; avant de placer mon artillerie, j'essuyai des coups de canon qui me tuérent quelques
hommes, mais mon canon placé, nous délogeâmes celuy de
l'ennemi, qui le replia en toute diligence. Pendant ce tems là,
M. de Chabo [2] avec les troupes légères prenoit les ennemis sur
leur flanc droit et repoussoit leurs troupes avancées. J'allay
rendre compte à M. le chevalier du Müy [3] que les ennemis
n'avoient plus de canon sur cette butte.

Il fut longtems à délibérer, on restoit dans l'inaction. Notre
général me dit enfin qu'il falloit pousser mon artillerie et la
placer de l'autre costé de la rivière. Je dis que cela étoit facile,
mais qu'il falloit donc y porter aussy des troupes pour nous
soutenir ; que si l'armée n'attaquoit pas en mesme tems, l'affaire se passeroit dans une canonnade peu fructueuse, et
qu'il n'y avoit pas un moment à perdre si on vouloit donner
la bataille, le jour baissant. Bref, on resta dans l'inaction, et
les ennemis qui avoient M. le comte de Broglie sur leur
gauche décampérent heureusement pour eux pendant la nuit.
Ainsy on manqua une très belle occasion.

1. *Lukner* (Nicolas, baron de), né en 1722 en Bavière, fut d'abord au
service du roi de Prusse Frédéric II, pendant la guerre de Sept Ans,
passa au service de la France peu avant la paix de 1763, maréchal de
France en 1791, guillotiné en 1794.

2. *Le comte de Chabo*, mousquetaire en 1733, colonel en 1743, brigadier le 29 mars 1758, maréchal de camp le 20 février 1761, lieutenant
général le 25 juillet 1762.

3. Ministre de la guerre et maréchal de France en 1774.

De Volmeisen nous marchâmes sur Wolfhagen; de là nous
retournâmes au camp d'Essein, près de Stadtberg, puis à
Warbourg. Pendant ce tems là M. de Broglie s'empara de
Cassel que le prince Ferdinand abandonna, mais se retournant sur sa gauche il vint attaquer la réserve du chevalier du
Müy, qui étoit de 18 000 hommes, avec toute son armée, qui
étoit de près 100 000 hommes.

Nous ne nous y attendions guère; tout à coup le matin on
battit la générale; nous n'eûmes que le tems de monter à
cheval. Je me portay bien vite au parc, je trouvai l'artillerie
attelée, je me mis à la teste et allay la placer en avant de
la ligne d'infanterie, par différentes divisions. Mais il fallut
aussitost changer les positions; l'ennemi, extrèmement supérieur en nombre, nous tournoit par notre gauche.

Après une grande résistance et un assez long combat,
pressés aux deux ailes et en nombre extrèmement inférieur,
nous fûmes obligés de faire notre retraite du costé de Volmeisen, en passant la Diemel, qui étoit guéable. Nous tinmes
assez longtems pour que nos vivres et nos bagages ne fussent
pas pris, et si nous eussions tenu plus longtems, les ennemis
auroient eu le loisir de nous couper et de nous entourer avec
leurs multitudes. Nous pûmes dire que nous en fûmes quittes
à bon marché.

De Volmeisen nous allâmes à Wolfhagen et formâmes la
réserve de la gauche de l'armée de Broglie; sur la fin de la
campagne, nous vinmes camper sous Cassel où M. de Broglie
avoit son quartier général. Je passe les mouvements que nous
fimes jusqu'au tems qu'on apprit que l'armée du prince héréditaire de Brunswick fesoit le *siège de Wesel*. Notre réserve
eut ordre de marcher au secours sous les ordres de M. le
marquis de Castries. Il y avoit loin de Cassel à Wesel; nous
fûmes 17 jours à faire notre marche forcée, sans séjours, per-
dant tous nos chevaux tout le long du chemin, extrèmement
embarrassés pour les remplacer par des bœufs ou des che-

vaux qu'on arrachoit aux paysans, qui alloient les cacher dans les forests et eux avec.

Nous reformâmes notre armée et artillerie à Neuss, où nous séjournâmes, puis nous marchâmes à la rencontre de l'ennemi, qui poussoit le siège de Wesel et qui vint au devant de nous.

Nous allâmes camper derrière un canal près de l'abbaye de *Clostercamp*, où on envoya les volontaires de Fischer. On fit face au canal et on s'embarrassa peu de reconnoistre notre gauche, quoyque arrivés de bonne heure au camp.

Nous dormions très tranquillement, lorsque à la petite pointe du jour on entendit sur la gauche une fusillade assez vive. On battit la générale; les soldats se jettèrent sur leurs armes et, à peine habillés, on marcha aux ennemis, qui, aïant surpris les Fischer, arrivoient sur la gauche en ordre de bataille, sans presque être aperçus. On leur fit face et on se fusilla vivement.

J'allay promptement au parc d'artillerie, où l'on atteloit les chevaux. A peine y fus-je arrivé qu'un boulet de canon des ennemis vint mettre le feu à un caisson chargé de cartouches, qui sauta en l'air et pensa mettre le feu à tout le parc, qui étoit fort serré. Une division où étoient M. de Thiboutot et M. de Meyry avoit déjà gagné la teste vis-à-vis du régiment d'Auvergne commandé par M. de Rochambeau, qui y fit des merveilles et contribua beaucoup au gain de la bataille, car on fut poussé et repoussé plusieurs fois des maisons d'un village qu'on occupoit.

Quant au parc d'artillerie, tous les chevaux et charretiers prirent l'épouvante, ainsi que les détachements de soldats de recrues qu'on nous avoit donnés la veille, pour remplacer 200 canonniers qu'on nous avoit pris, pour jeter dans Wesel, et qu'on avoit embarqués sur le Rhin. De sorte que j'eus tout le mal possible, et les officiers, de courir après ces hommes et chevaux et de les ramener de force dans la plus grande confusion, mais assez tôt, pour envoyer quelques brigades

sur la droite, où il en étoit nécessaire. Enfin la bataille fut
gaignée et la batterie de Thiboutot, qui prenoit les ennemis
en flanc, contribua beaucoup à déterminer leur retraite. Nous
les poursuivîmes jusqu'à Wesel et ils en levèrent le siège.

Je fus fait lieutenant général de la promotion du 20 février
1761. J'ay toujours cru en avoir l'obligation à M. le marquis
de Cremilles, qui étoit depuis quelques années Directeur
général et comme Ministre de l'Artillerie. Cette distinction
d'estre le seul qui fut fait lieutenant général, ne fit beaucoup
d'honneur et répara mes disgrâces passées. M. de Cremilles
vouloit que je continuasse de commander l'équipage du Bas-
Rhin ; je l'en remerciay, luy faisant remarquer que je n'aurois
que du chagrin et des désagrémens avec M. le prince de
Soubise, qui venoit d'être nommé commandant de cette
armée, et dont les créatures me procureroient mille déplai-
sirs.

J'étois content d'estre lieutenant général, car le soir que la
promotion se fit, je fus présenté au Roy, avec mon fils aisné
et mon troisième, comme il sortoit de la faire, avec M. de
Choiseul, et de ces seigneurs qui disent sçavoir tout, assu-
roient qu'il n'avoit pas fait d'officier général de ce grade.
Mais le lendemain mes fils apprirent la nouvelle au château.
La reine, à qui je fus présenté, me gracieusa beaucoup en me
disant que je remarque bien que je l'avois été tout seul.

M. le marquis de Cremilles, Directeur général, qui me vouloit beaucoup de bien, me nomma en 1761 à *l'inspection de
l'artillerie en Bretagne*, pour me faire commander ce corps à
l'expédition qu'on croyoit faire pour reprendre Belle-Isle que
les Anglois assiégeoient et faire la conqueste des îles de
Jersey et de Guernesey. C'étoit M. le duc d'Aiguillon qui
s'étoit proposé toutes ces choses ; il vouloit estre mareschal de
France, et pour cela tenter à tout prix quelque entreprise.

J'étois allé en tournée à Saint-Malo, puis à Nantes, lorsqu'on apprit que le chevalier de Sainte-Croix, qui comman-

doit à Belle-Isle, avoit été obligé de se rendre à la seconde descente que firent les Anglois. J'allay aussitôt au Port-Louis, où étoit le duc d'Aiguillon : il ordonna de tout préparer pour faire une descente à Belle-Isle et ensuite le siège : il me garda trois mois à Port-Louis pour tous ces préparatifs. J'avois un petit corps d'artillerie destiné à cette opération ; je fesois faire quantité de fascines, saucissons, gabions, etc., et y apporter les pièces et munitions nécessaires. Je travaillois de concert avec M. de Fourcroy ingénieur. Je fis mes états pour un équipage de siège et un de campagne, je les présentay au Duc, qui y retranchoit continuellement, quelque représentation que nous luy fissions M. de Fourcroy et moy, que nous risquions de manquer notre opération, si l'on nous retranchoit toujours. A cela il répondoit que nous n'avions de bateaux de transport que pour porter ce à quoy il me réduisoit.

Son projet étoit d'attendre un vent favorable, qui fût si violent qu'il contraignît la flotte angloise qui étoit en panne devant Belle-Isle de s'écarter, et que le mesme vent violent nous porteroit sur l'isle, avec tous nos petits bâtiments de pêcheurs de sardines, que nous ferions notre descente en une ou deux fois 24 heures et avant que la flotte angloise eût pu reprendre sa place pour nous canonner sur le rivage; que dans ces 24 ou 36 heures on débarqueroit tout, et que ce qui ne pourroit pas être débarqué seroit jeté à la mer pour le repescher à la marée basse. Je luy présentay un mémoire où étoit le poids de toute mon artillerie à débarquer et la quantité de monde qu'il falloit pour cette opération, et par là il voyoit clairement que n'ayant que 14 000 hommes, il n'en avoit pas assez pour faire rentrer en mesme tems les ennemis qui étoient dans l'isle au nombre de près de 12 000 hommes, s'emparer de tous les forts le long des costes et faire son débarquement d'artillerie et de munitions. Cela le mettoit de mauvaise humeur. Bref, après trois mois de séjour au Port-Louis, et tout l'équipage étant prêt, je luy demandai la permission, en attendant que le vent impétueux souhaité nous arrivât, d'aller achever mon inspection à Brest et autres places où j'étois nécessaire, étant là à portée de le rejoindre au premier courrier.

Je passay par les places de la coste et restay à Brest jusqu'à l'arrière-saison ; je demanday alors un congé à la Cour, qui me l'accorda à condition que le duc d'Aiguillon y consentît, ce qu'il fit avec répugnance, en m'écrivant cependant très poliment que c'étoit à condition que je viendrois le rejoindre sitost qu'il se présenteroit une occasion de passer à Belle-Isle dans une saison plus favorable, et qu'en ce cas il auroit besoing de mes conseils ; ce qui me sembla plutost politesse qu'envie de les prendre. Bref, je ne l'ay reveu jusqu'à ce jour, et à la fin la Cour n'a plus écouté ses projets.

Le commencement de l'année 1762 fut aussy désagréable que possible à mon frère. M. le mareschal de Broglie et son frère furent disgraciés et le commandement de l'armée donné à M. le prince de Soubise et à M. le mareschal d'Estrées. Mon frère étoit trop attaché au mareschal de Broglie et en étoit trop chéri, pour qu'à la fin ceux qui avoient déjà tenté de le faire déplacer ne profitassent de cette occasion. Il avoit commandé en chef l'Artillerie de la grande armée avec toute la distinction possible pendant 5 années de suite, aux batailles et dans toutes les occasions, et vivant avec beaucoup de dignité

Il fut d'abord nommé pour continuer le commandement en chef comme à l'ordinaire, et M. le duc de Choiseul luy avoit dit d'en remercier les mareschaux d'Estrées et de Soubise et d'aller prendre leurs ordres. Mais, trois jours après, on luy dit que ce n'étoit plus luy. On l'assura qu'on le dédommageroit et qu'on le destinoit à passer avec une armée en Angleterre ; on ne luy tint rien de ce qu'on luy avoit promis, et il alla en Flandre sans grande occupation. C'étoit toujours la mesme cabale qui m'avoit déplacé et le prince de Soubise la soutenoit.

Auguste-Louis-Michel, mon fils aisné, continua à estre employé dans l'État-major de l'Artillerie de l'armée du Bas-Rhin, et il obtint la croix de Saint-Louis [1] à l'occasion de l'affaire que M. le prince de Condé gagna sur le prince héréditaire de Brunswick (Johannisberg, 1762). Le prince en demanda deux pour le Corps, et mon fils en eut une, avant son rang d'ancienneté. M. de Saint-Auban, commandant l'Artillerie, y contribua, quoyque peu de nos amis.

Pour moy on m'envoya faire l'inspection de l'Artillerie du Languedoc, des Cévennes et du Roussillon. Je ne fus pas fasché de voir ces belles provinces; j'allay à Perpignan, Collioure, Montlouis, Montpellier, où je restay quelque tems comme à Perpignan, où Gréaume [2] étoit Directeur.

La paix se fit à la fin de cette année (1762) et mon fils aisné vint passer son quartier d'hiver avec nous au Soupiseau. Mon troisième fils, le chevalier de Glatigny, fut fait officier cette année là dans la brigade d'Artillerie alors de Loyauté [3], où étoit aussy son frère. Il avoit l'avantage de se trouver à Metz, avec son oncle le Chevalier et sa famille. Heureuse rencontre pour luy; mon frère y étoit établi depuis longtemps et y avoit achepté une maison [4]. Il avoit alors avec lui ses quatre fils, fesant la plus aimable famille, bien tous de figure et avec la plus belle éducation qu'il fût possible d'avoir.

En 1763, je demanday et obtins l'Inspection d'Alsace; mon frère eut celle des Trois-Eveschez. Les appointements des Inspecteurs généraux étoient de 12 000 livres.

---

1. Né le 2 décembre 1735, il avait donc vingt-six ans.

2. *De Gréaume* (Pierre-Gabriel), élève à Perpignan en 1722, brigadier le 10 février 1759, maréchal de camp le 18 octobre 1761, lieutenant général le 1er janvier 1784.

3. *De Loyauté* (Arnould), aide de parc à Grenoble en 1721, brigadier le 20 février 1761, maréchal de camp le 3 janvier 1770.

4. Située près la porte Saint-Thibaut, rue d'Alfeld, paroisse Saint-Martin.

Je partis pour l'Alsace en passant par Metz et je gaignai Strasbourg, emmenant avec moy mon troisième fils de Glatigny, pour luy faire faire avec moy mes tournées et l'instruire en son métier; je le renvoyai après à sa brigade; de sorte que j'ay eu la satisfaction de mener mes trois fils avec moy dans leurs premières sorties, et l'aisné à la guerre.

J'avois reçu beaucoup de belles promesses pour des espérances de grâces de la cour, mais quel fut mon étonnement quand, en revenant chez moy, à Compiègne, je trouvay une lettre qui m'apprenoit qu'il venoit d'estre donné deux cordons rouges, l'un à M. de Moüy, et l'autre à M. de Gribeauval, tous deux seulement mareschaux de camp, et les deux derniers Inspecteurs, au préjudice des lieutenants généraux du Corps et de tous gens respectables qui avoient eu des commandements en chef à la guerre, en des occasions de sièges et batailles, pendant que M. de Moüy n'y avoit servi que sous nos ordres. — Mais ce qui mit le comble, ce fut d'apprendre qu'on avoit donné mon Département d'Alsace à M. de Gribeauval, sous prétexte qu'il y avoit à faire travailler à des nouveautés en artillerie.

Je partis le lendemain pour Versailles et me plaignis de ce manque de parole et de procédés, et le ministre, M. de Choiseul, me marqua que le Roy m'avoit continué mon Département d'Alsace.

Au mois de janvier 1765, j'allay avec toute ma famille à Compiègne dans la maison [1] qui étoit eschue à ma femme dans la succession de son oncle Jérosme Le Caron, escuyer de M. le duc d'Orléans et lieutenant de Roy à Noyon. Il nous avoit laissé encore le fief de Lortil et à mon fils aisné le fief d'Aucourt (au Grand Frénois). Nous revînmes au Soupiseau à la fin d'avril. C'est alors que je reçus une lettre de mon fils le chevalier de Glatigny par laquelle il me mandoit que mon frère étoit très mal et ma belle-sœur fort malade aussy. Je

---

1. Située rue du Paon, paroisse Saint-Jacques.

ne balançay pas un moment d'aller à leur secours et je partis
en poste pour Metz. Mais j'appris à Sainte-Menehoux, par le
bailly de la terre de mon frère (la terre d'Argers et Voilemont),
qu'il étoit mort le 3 de may vers les midy. Je continuay ma
route vers Metz, où je trouvay ma belle-sœur en très mauvais
estat [1], mais cependant debout. Je la fis déclarer tutrice de ses
enfans et lui en fis accorder la garde noble, et je partis le
13 may, pour Versailles, afin de solliciter pour elle une pension que j'obtins.

Peu après, le Roy vint à Compiègne. Un jour qu'il étoit à
la chasse près du Soupiseau, il me demanda quel aage j'avois.
Je lui répondis que j'avois soixante-neuf ans et que j'étois le
doyen d'un corps de 11 000 hommes, de son artillerie. — Il
répondit que je paroissois encore fort vigoureux et bien verd ;
il m'ajouta qu'il avoit fait une perte en feu mon frère. — Je
luy répliquay que mes enfans, mes neveux et moy étions
encore du mesme nom cinq actuellement dans son artillerie,
et trois autres prêts d'y entrer dès qu'ils auroient l'aage.

1. Michel-Laurent Le Pelletier et sa femme, morte un an après lui,
furent inhumés dans l'église de Saint-Martin de Metz.

LE CHEVALIER LE PELLETIER (MICHEL LAURENT)

SEIGNEUR D'ARGERS, MONTJOUY, MAUPERTUIS ET WOILLEMONT

Lieutenant général des Armées du Roi.

1697-1765

XII

NOTE SUR MICHEL-LAURENT
LE CHEVALIER LE PELLETIER
LIEUTENANT GÉNÉRAL DES ARMÉES DU ROI
(1697-1765)

Ce fut une perte très grande pour ses enfans et pour toute
la famille que celle de mon frère; il étoit en crédit, connu de
tous les grands, aïant toujours servi avec la plus grande distinction et aïant eu des commandements très brillants. Sa
grande vivacité le fesoit croire de plusieurs un peu haut,
mais il n'avoit que le premier mouvement, n'aïant point de
rancune et ne sachant jamais désobliger qui que ce soit. On
luy a rendu toute sorte de justice à la Cour, reconnoissant que
c'étoit le meilleur officier et le plus rempli de dignité dans le
commandement, et comme son camarade je luy dois avouer
qu'il n'y en avoit pas en France qui fut en tout genre plus
digne de commander que luy.

Il étoit d'une belle taille, d'une figure très noble et un des
beaux hommes de son tems, parlant très bien et escrivant de
mesme.

Il étoit né comme moy à Mont Royal près Trarback (1697).
Quand cette place fut démolie en exécution du traité de Ryswick, nous revinsmes en France et, comme je l'ay dit, nous

fûmes faits tous deux officiers pointeurs d'artillerie, dans l'équipage que commandoit mon père, le 30 mars 1706. Mon frère n'avoit alors qu'environ neuf ans. Nous fîmes nos études à Paris au collège de la Marche et en mesme tems nous étions portés sur l'estat de l'équipage de Bretaigne, mais quand il fut licencié en 1713 à cause de la paix, mon frère resta sans estre employé jusqu'en 1718, qu'il le fut à la résidence de la Fère.

En 1720, il fut employé à l'École de la Fère avec son grade de commissaire extraordinaire. A l'occasion du Congrès établi à Soissons en 1725, il fut chargé de faire tirer le canon à l'arrivée des Ambassadeurs ; il se fit connoistre et estimer de Leurs Excellences, et procura à M. de Santa Cruz, ambassadeur d'Espagne, des mémoires sur l'artillerie qui sont imprimés en espagnol.

Dans la guerre de 1733, il fut employé en qualité de commissaire provincial au siège de Kehl. M. de Vallière, qui y commandoit, mit son fils dans sa brigade. L'année suivante, il fut major de l'équipage au siège de Philipsbourg, où il fut blessé.

Il étoit alors commandant en troisième de l'École d'artillerie de Strasbourg ; il devint commandant en second, puis passa à l'École de Metz. C'est dans cette ville qu'il connut M. le mareschal de Belle-Isle, dont il eut toute la confiance.

Employé comme commandant en second dans la guerre de Bohême, il se distingua à la prise de Prague et ensuite à la défense de cette place [1], où il se signala particulièrement ainsi qu'au combat de Sahay ; il fut de la dernière retraite et vint reprendre son employ de commandant en second à l'École de Metz.

En 1744, nous nous trouvâmes ensemble aux sièges de Menin, d'Ypres, de Furnes, à l'affaire de la Culbute, puis au siège des ville et château de Fribourg, siège mémorable, où il

---

1. Il fut blessé à la défense de Prague.

n'y eut presque pas d'officiers d'artillerie ou d'ingénieurs qui ne fussent blessés et où beaucoup furent tués. Nous fûmes tous deux faits brigadiers d'armées dans cette campagne.

En 1746, mon frère, employé en Flandre à l'armée du prince de Conty, fit les sièges de Mons et de Charleroy et commanda en chef l'artillerie au siège de Saint-Guillain; il se trouva au siège de la ville et des châteaux de Namur, et à Raucoux, où il commanda sa division d'artillerie à l'aile gauche.

Il fut nommé ensuite commandant en chef de l'École de Metz, et servit en 1748 au siège de Maëstricht.

Il épousa à Saint-Sauveur, en septembre 1748, Marie-Catherine-Françoise Bertin de Drelincourt, fille de M. Bertin, chevalier, seigneur de Drelincourt, brigadier des gendarmes de la garde, chevalier de Saint-Louis, et de Henriette Maresse, sœur aisnée de ma femme.

Un peu auparavant, mon frère avoit été nommé pour commander l'artillerie de l'armée qui devoit passer en Écosse pour rétablir le Prétendant; il resta un tems considérable à Dunkerque, attendant que la flotte partit. Cette expédition n'eut pas lieu, il ne sortit que quelques vaisseaux du port, qui furent pris par les Anglois. — Il fut fait mareschal de camp le 1er janvier 1748 et lieutenant général le 20 avril 1757. Quand M. de Vallière le fils gouvernoit tout, sous M. d'Argenson, il ne choisit que ses créatures ou amis particuliers, et nous ne l'étions guère; mais en 1758 M. le mareschal duc de Belle-Isle fut nommé au Ministère. Quand mon frère luy alla rendre ses devoirs, la première chose que le mareschal luy dit, ce fut de luy demander à qui mon frère croïoit qu'il avoit songé, quand il avoit appris que le Roy l'avoit nommé au Ministère. — Mon frère luy dit qu'il ne pouvoit le deviner, aïant tant de créatures. — « A vous, luy répliqua le mareschal, et vous en aurez avant peu des preuves. » Et effectivement très peu de tems après, il fut nommé commandant en chef de l'équipage d'artillerie de l'armée d'Allemagne à la place de M. de Vallière. Il conserva le commandement en chef jusqu'à la dernière campagne de 1762, qu'on le lui ôta pour le donner à M. d'Invilliers [1], afin que cet officier qui commandoit l'artillerie de l'armée du Rhin cédât son commandement à M. de Saint-Auban [2], le protégé de M. le prince de Soubise, et qui avoit ourdi toutes ces intrigues là.

Il est vray qu'à la mort de M. de Belle-Isle on avoit déjà intrigué contre mon frère, mais M. le mareschal de Broglie, qui l'aimoit et avoit lieu d'être très content de luy, répondit quand on luy proposa ce changement : « Qu'il aimoit bien ses dents, mais qu'il aimeroit mieux qu'on luy en arrachât deux, que de luy arracher le chevalier Le Pelletier ». Enfin le mareschal de Broglie [3] estant disgracié, on déplaça aussy mon frère pour donner son commandement à d'Invilliers, et à Saint-Auban celuy de l'armée du Rhin.

Quant à mon frère, on le nomma une seconde fois pour commander l'artillerie de l'armée qui devoit passer en Angleterre, mais c'étoit un leurre.

Je n'entre point dans les détails de tout ce qu'il a pu faire dans les 5 campagnes où il a commandé en chef l'artillerie de l'armée d'Allemagne ; j'étois alors trop éloigné pour en connoistre bien les circonstances. Je sçais que partout il s'est beaucoup distingué et particulièrement à la bataille de Bergen, au gain de laquelle il eut grande part, M. le prince héréditaire de Brunswick, qui l'a perdue, aïant dit hautement que c'étoit la disposition et l'effet de notre artillerie, à laquelle il n'avoit pu résister, qui l'avoient obligé de faire sa retraite. Mon frère a servi avec la mesme distinction aux autres batailles et actions où il s'est trouvé, notamment à l'affaire de Sondershausen, aux batailles de Lutzelberg, de Minden et de Corback

---

1. *D'Invilliers* (Louis-Henri *Ballard*), élève à l'École de Strasbourg en 1720, brigadier le 1er janvier 1748, maréchal de camp le 20 février 1761, lieutenant général le 1er mars 1780.

2. *De Saint-Auban* (Antoine *Barattier*), élève à Perpignan en 1729, brigadier en 1759, maréchal de camp le 18 octobre 1761, lieutenant général le 1er mars 1780, mort en 1783.

3. Victor-François, duc de Broglie, 1718-1804, fils de François-Marie.

Ce fut M. le mareschal de Broglie qui luy fit avoir le Cordon rouge en 1761. qu'on luy fit attendre, l'aïant dubt avoir après la bataille de Bergen.

En 1761, il acquit de M. le comte d'Haussonville la terre d'Argers à la porte de Sainte-Menehout, à laquelle est joint le village de Voillemont et les fiefs de Montjouy et de Maupertuis, et dont relèvent encore deux autres paroisses appartenant à d'autres seigneurs.

Il n'y avoit pas de château habitable, mais une tour ou donjon à Maupertuis [1].

Pendant les campagnes où il avoit commandé en chef l'artillerie, mon frère avoit plus de 72 000 livres d'appointements.

Le Roy a accordé à sa veuve une pension de 3 000 livres et une de 200 à chacun de ses fils : Gabriel-Augustin [2] Le Pelletier d'Argers, — Louis-Auguste-François Le Pelletier de Montjouy, — Jean-François-Félix, chevalier Le Pelletier de Maupertuis, — et Bernard-Laurent, chevalier Le Pelletier de Voillemont.

Louis-Auguste Le Pelletier, auteur des *Mémoires*, est mort le 24 mai 1769, au Soupiseau, paroisse de Saint-Sauveur-Geromesnil, en Valois. — On trouvera ci-après quelques notes sur sa descendance et celle de son frère.

1. Louis-Auguste Le Pelletier acquit pour ses neveux, le 14 avril 1767, de M. de Montmort du Plessis-Beaurain, la terre de Montmort, près de Pontoise.
2. Gabriel-Joseph-Augustin-Laurent.

APPENDICE

APPENDICE

NOTE SUR LA DESCENDANCE

DE

Louis-Auguste et de Michel-Laurent

LE PELLETIER

Les frères Le Pelletier laissèrent, l'aîné six enfants et le second quatre; dans ce nombre sept fils, qui tous ont servi dans l'artillerie, où ils ont continué les belles traditions de leur famille.

Sur les trois filles, deux se sont mariées et ont épousé des officiers d'artillerie, un lieutenant-colonel et un maréchal de camp.

Louis-Auguste le Pelletier donne dans ses *Mémoires* quelques détails sur ses enfants; nous les compléterons au moyen de documents puisés aux curieuses archives de M. le baron le Pelletier, son petit-fils au cinquième degré, maintenant chef de la famille.

L'aîné des enfants de Louis-Auguste était une fille, Marie-Josèphe-Catherine, née le 5 octobre 1732; elle épousa le 28 janvier 1761 [1] Bernard-Gabriel Du Passage, chevalier, seigneur de Caillouel, lieutenant-colonel d'artillerie.

---

1. Contrat du 26 janvier 1761, reçu Poulletier, notaire à Compiègne.

« Le mariage, lit-on dans les *Mémoires*, fut célébré dans la chapelle du Soupizeau par M. l'abbé Du Passage, frère, chanoine de Saint-Montain de la Fère. Cet établissement étoit fort honnête, Messieurs Du Passage étant d'anciens gentilshommes qui avoient eu des chevaliers de Malte depuis un siècle et davantage, et dont les ancestres étoient anciennement gouverneurs de Chaulny, alors place-frontière, et seigneurs de la belle terre de Sainseny et de beaucoup d'autres. »

Une autre fille, Marie-Geneviève-Jacqueline, née en décembre 1743, épousa par contrat [1] du 18 janvier 1770 Marc-Antoine-Joseph de Muyssart des Obeaux, chevalier, lieutenant-colonel, chef de brigade au corps d'artillerie, depuis maréchal de camp, fils de Henri-Charles-François de Muyssart, seigneur des Obeaux et de Cherreries, grand bailli d'épée des États de Lille, Douai et Orchies.

La troisième fille, Marie-Louise, née en 1754, ne s'est pas mariée.

L'aîné des fils, Auguste-Louis-Michel Le Pelletier, seigneur d'Aucourt, né le 2 décembre 1735, a servi avec distinction. Il est entré dans l'artillerie comme surnuméraire dès l'âge de neuf ans, en 1744, et était officier pointeur peu d'années après. Il a reçu la croix de Saint-Louis à 26 ans, pour sa conduite à la bataille de Johannisberg, gagnée le 30 août 1762 par le Prince de Condé. Il est mort à 35 ans capitaine d'artillerie, Inspecteur de la manufacture d'armes de Maubeuge, sans laisser d'enfants de son mariage avec Mlle de Talangoët.

Ses deux frères puînés, Antoine Le Pelletier de Liancourt et Louis-François Le Pelletier de Glatigny, ont eu une existence plus remplie d'événements, et qui prête à de plus longs développements.

Pour Liancourt, né le 13 octobre 1738 à Compiègne, nous les emprunterons aux *Mémoires* de son père :

« Michel-Antoine de Bourdaize de Montéran, fils de la sœur

1. Contrat reçu par Poulletier, notaire à Compiègne.

de mon père (Catherine Le Pelletier, mariée en 1678 à Antoine Bourdaize, commissaire provincial d'artillerie), avoit vendu tous les fonds et effets de la succession de sa mère et avoit achepté plusieurs habitations à la Guadeloupe. Il étoit le parrain du Chevalier de Liancourt, mon second fils.

« En 1755, il me demanda fortement de luy envoyer son filleul, qui étoit alors officier pointeur à l'École de la Fère, que je commandois. Je reçus des lettres pressantes de deux personnes de ce pays là, m'annonçant que mon cousin étoit fort malade. Mon fils partit de Bordeaux; il devoit faire ce voyage en six semaines, et fut trois mois battu des vents. Enfin il aborda à la Guadeloupe et la première nouvelle qu'il apprit fut que M. Bourdaize y étoit mort il y avoit cinq jours, mais qu'il l'avoit fait son légataire universel, par son testament du 28 may 1755. Mon fils eut très peu après une compagnie de canonniers-bombardiers et se distingua lors de la descente des Anglois à la Guadeloupe, et après la prise de cette isle, il se retira à la Martinique [1].

« A dix-sept ans, il avoit par l'inventaire de son cousin 1 723 000 livres de biens et étoit capitaine de canonniers dans son Isle; sans la guerre avec les Anglois, quelle fortune n'auroit-il pas faite?

« Il se maria au mois de may 1761 avec Mlle de Longvilliers de Poincy, fille du gouverneur de la Martinique, petite nièce de M. de Longvilliers de Poincy, chef d'escadre, bailly grand-croix de l'ordre de Malte et gouverneur des Isles sous le vent, qui avoit conquis l'Isle de Saint-Christophe et autres Isles. Ils sont alliés aux Choiseul et à beaucoup de grandes maisons de la Cour.

« La guerre qui se déclara entre la France et l'Angleterre a fait changer de face cette brillante fortune. La Martinique a été prise par les Anglois au mois de janvier 1762 et nous attendons quel sera le sort de Liancourt, de sa femme et de ses

1. Les preuves de noblesse d'Antoine Le Pelletier de Liancourt ont été enregistrées le 14 mars 1769 au conseil supérieur de la Guadeloupe.

possessions, tant à la Martinique du costé de sa femme qu'à
la Guadeloupe. »

Si la fortune d'Antoine Le Pelletier de Liancourt eut à souffrir de la guerre avec les Anglais, elle resta néanmoins considérable. Il conserva à la Guadeloupe l'importante habitation
de Beausoleil et acquit en France deux grandes terres, la
vicomté de Villers-Hélon en Valois, et celle de Crécy-au-
Mont, située près de Coucy-le-Château en Soissonnais.

Sa femme, Louise-Luce de Longvilliers de Poincy, dont on
voit encore le tombeau dans l'église de Villers-Hélon, est
morte le 23 septembre 1784.

Antoine Le Pelletier de Liancourt, vicomte de Villers-Hélon,
a épousé en secondes noces Marie Anjorrant, veuve de **M. de**
Montmort de Beaurain, comte de Glaignes. De sa première
femme il avait eu une fille et quatre fils, savoir :

1° Louise-Elisabeth Le Pelletier de Liancourt, mariée à
Gilles-Charles de Maupeou, comte d'Ableiges, officier au régiment des gardes françaises, puis député de la Martinique ;

2° Louis-François Le Pelletier de Liancourt, qui servit dans
l'état-major du régiment du Roi, puis aux gardes françaises
et mourut jeune encore, avec un brevet d'officier supérieur.
Sa femme, Marie-Charlotte de Bonnaire de Forges, périt **sur**
l'échafaud le 9 avril 1794 ;

3° Louis-Antoine, vicomte Le Pelletier de Liancourt, capitaine de frégate, qui de son mariage avec Mlle de Gaigneron
de Morin n'a laissé qu'un fils mort sans postérité ;

4° Jean-Marie Le Pelletier de Montéran, capitaine au **corps**
royal d'artillerie ;

5° Félix-Philippe Le Pelletier des Tournelles, d'abord offi-
cier de marine, puis conseiller au conseil supérieur de la
Martinique. De son mariage avec Marie-Elisabeth-Céline
Baillardel de Larcinty il eut un fils mort jeune sans avoir été
marié, et une fille, Marie-Victoire-Désirée Le Pelletier des
Tournelles, qui a épousé le comte Du Boberil et en a eu **un**

fils et une fille. Elle réside au château de Beauchêne, près de Renazé (Mayenne).

La descendance du lieutenant général Louis-Auguste le Pelletier a été continuée jusqu'à nos jours par son troisième fils Louis-François le Pelletier de Glatigny, seigneur d'Aucourt et de Glatigny.

Né à Compiègne le 13 mai 1746 [1], il a été reçu en 1756 à l'École militaire qui venait d'être fondée à Paris. Élève à l'École d'artillerie de la Fère en 1761, lieutenant en second dans le corps royal d'artillerie en 1763, lieutenant en premier en 1765, capitaine en second en 1772, capitaine de bombardiers en 1777, capitaine de canonniers en 1781. Il a pris part à l'expédition dirigée contre Gibraltar en 1782.

Chevalier de Saint-Louis en 1787, lieutenant-colonel en 1791, il a reçu du roi Louis XVIII un brevet de maréchal de camp [2] et le titre de baron [3].

Il avait été élu député de la noblesse du Valois aux États généraux de 1789, dans des circonstances qui ont un certain intérêt historique.

Au moment où il allait être procédé à l'élection du député de la noblesse du bailliage de Crépy, le comte de Mazancourt demanda que M. le duc d'Orléans, seigneur apanagiste du Valois, fût nommé par acclamation, ce qui, n'étant pas conforme au règlement, ne devait être qu'un hommage au Prince. L'ordre y consentit. M. de Mazancourt pria ensuite qu'on donnât à la nomination la forme légale, c'est-à-dire celle du vote par scrutin, et l'assemblée, qui ne voulait pas du prince pour député, ayant refusé, le comte de Mazancourt déclara qu'il était chargé de la procuration du duc d'Orléans et de son refus pour le cas où il serait élu. « Ainsi, ajouta-

1. État des services de Louis-François Le Pelletier de Glatigny, délivré par ordre du ministre de la guerre le 27 juin 1814.
2. 22 mai 1816.
3. 12 septembre 1817.

t-il, vous pourrez le nommer sans que cela tire à conséquence. »

Sur la parole de ce gentilhomme on fit une nomination au
scrutin, mais pour la forme seulement; puis, regardant cette
opération comme nulle, à cause du refus du fondé de procuration du prince, la noblesse procéda à l'élection de son
député, et le chevalier Le Pelletier de Glatigny réunit la majorité. On lui donna ensuite pour le cas d'absence ou d'empêche-
ment un suppléant, le marquis de Mazancourt.

Mais dans le procès-verbal, dont le grand bailli et le secrétaire avaient refusé de donner lecture à l'Assemblée, il n'avait
été fait nullement mention du refus de M. le duc d'Orléans,
et le mot « absent » avait été seulement inscrit en marge, en
face de son nom.

L'ordre de la noblesse, dès qu'il eut connaissance de ce
fait, présenta une réclamation au grand bailli, le baron de
Saint-Elix, qui répondit que le duc d'Orléans s'en tenait à
la copie du procès-verbal à lui remise et qu'il se croyait
maître d'accepter ou de refuser.

Des protestations furent alors adressées au garde des sceaux
et à la commission établie pour la vérification des pouvoirs
des députés [1]; on y lit la déclaration suivante : « Ce n'a été
que dans l'assurance qu'a donnée publiquement M. le comte
de Mazencour, chargé des pouvoirs de Monseigneur le Duc
d'Orléans, du refus, non point présumé, mais certain de Son
Altesse, qu'on a procédé à un scrutin purement de forme,
pour nommer Monseigneur le duc d'Orléans, à qui chacun de
nous s'est empressé de payer le tribut d'hommage; et que
cette dette de respect une fois acquittée, il a été proposé de
procéder à la nomination du *vrai* Député, ce qui a été fait en
la personne de M. le chevalier le Pelletier, et M. le marquis
de Mazencour comme son suppléant. »

Ces protestations étaient signées de tous les membres de

1. Voir aux Pièces justificatives.

la noblesse présents à l'Assemblée, sauf du grand bailli, du secrétaire rédacteur du procès-verbal et de son frère [1], de MM. de Mazancourt et de M. le duc de Gèvres, leur protecteur.

Les faits allégués étaient graves, mais il était bien difficile d'avoir raison contre le premier prince du sang; les États généraux jugèrent que la forme emportait le fond, l'élection du duc d'Orléans fut validée et le chevalier Le Pelletier fut considéré seulement comme député suppléant, pourvu lui-même d'un suppléant, le marquis de Mazancourt.

Le chevalier, depuis baron Le Pelletier de Glatigny, a eu un fils unique qui de son mariage avec Mlle Pommeret des Varennes a laissé quatre enfants : une fille mariée au baron de Bicquilley, ancien officier d'artillerie, fils d'un général de cette arme, et trois fils qui tous ont eu postérité.

L'aîné, Louis-Ernest [2], est mort en 1880. Son fils, M. le baron le Pelletier, réside au château de Silly, près de la Ferté-Milon, dans l'ancienne province du Valois; il conserve dans ses riches archives, avec le manuscrit des *Mémoires* de son trisaïeul, l'ensemble complet des Pièces justificatives à l'appui des faits qui y sont relatés.

*
* *

La descendance du lieutenant général Michel-Laurent Le Pelletier, seigneur d'Argers et de Woillemont, et de Marie-Catherine-Françoise Bertin de Drelincourt, subsiste également.

Ils laissèrent quatre fils officiers d'artillerie; les trois aînés,

1. M. Héricart de Rethcuil et M. Héricart de Thury.
2. Des deux autres frères, l'un, M. Eugène le Pelletier de Glatigny, a laissé un fils, Maurice, ancien officier de cavalerie, et deux filles, la comtesse de Salvert et Mme Bouttier; l'autre, Fernand, est le père de Georges et de Joseph le Pelletier de Glatigny, et de deux filles, Mme de Nonville et la baronne P. de Witte.

dont l'un fut colonel, n'ont pas eu d'enfants. Le quatrième, Bernard-Laurent Le Pelletier de Woillemont, capitaine au corps d'artillerie et chevalier de Saint-Louis, a été tué le 7 septembre 1793 à Teleghem, après le siège de Dunkerque, alors qu'il commandait l'artillerie du régiment de la Châtre.

Il a laissé un fils, Augustin Le Pelletier de Woillemont, né le 27 mars 1785 et mort en 1825, dont les beaux états de service méritent d'être rapportés.

Soldat aux vélites de la Garde Impériale le 27 février 1804, caporal au même corps en 1805, il devint sous-lieutenant au 19e de ligne le 19 avril 1806, lieutenant le 27 octobre 1808, capitaine le 26 mars 1810, et chef de bataillon au même régiment le 9 août 1812.

Employé avec son grade dans les gardes nationales du Rhône le 11 mai 1815, il passa ensuite dans la légion du Lot-et-Garonne, puis dans celle de la Seine-Inférieure, devenue en 1821 le 39e de ligne.

Il fut nommé le 17 janvier 1821 chef de bataillon au 5e régiment de la Garde Royale, avec rang de lieutenant-colonel (conformément à l'ordonnance du 25 octobre 1820).

Il a fait les campagnes de l'an XIII et de l'an XIV, de 1806 et 1807 à la Grande Armée, en Hollande et à l'armée des Côtes; celles de 1808 en Allemagne, de 1810 et 1811 à l'armée des Côtes à Boulogne, de 1812 en Russie et de 1815 en Belgique.

Blessé de sept coups de sabre et de baïonnette à Polosk le 18 août 1812, par suite de ses blessures il est resté au pouvoir de l'ennemi.

Chevalier de la Légion d'honneur le 10 mai 1807, officier le 17 janvier 1815, chevalier de Saint-Louis le 25 avril 1821.

Son fils, Charles-Auguste Le Pelletier de Woillemont, est sorti de l'École militaire de Saint-Cyr en 1843. Il a fait en qualité de lieutenant au 9e de ligne l'expédition de Kabylie et a été blessé le 11 mai 1851 d'un coup de feu au bras droit au

LE LIEUTENANT-COLONEL LE PELLETIER DE WOILLEMONT

1785-1825

combat de Sidi-Khaled; capitaine de voltigeurs au 56ᵉ de
ligne, il a été blessé de nouveau à la bataille de Magenta, cité
à l'ordre de l'armée, et fait chevalier de la Légion d'honneur
le 17 juin 1859. Il s'est retiré jeune encore du service.

Son fils, Xavier Le Pelletier de Woillemont, est actuellement capitaine au 77ᵉ régiment d'infanterie.

C'est, depuis 1614 et sans interruption, la septième génération d'officiers dans l'armée française.

PIÈCES JUSTIFICATIVES

Toutes ces pièces sont conservées dans les archives de M. le baron Le Pelletier, de même que les autres documents précédemment cités en note.

I

1639 à 1679. — Mémoire des Campagnes de Michel Le Pelletier, garde général de l'Artillerie.

Cette pièce, qui a 20 pages, est écrite de la main de Michel Le Pelletier, elle donne année par année le détail des opérations militaires auxquelles il a pris part et indique le nom des généraux en chef, des commandants de l'artillerie et des contrôleurs. Elle est conçue en termes extrêmement laconiques, même pour les batailles importantes telles que Rocroy, Lens, le faubourg Saint-Antoine, Sénef. Les formules habituelles qui s'y rencontrent sont : «... l'on donna... la bataille fut rude.... grande perte de part et d'autre,... » ou encore, dans les campagnes de Flandres et de Franche-Comté : ... « on fut obligé de lever le picquet à cause des écluses qui furent lâchées et inondèrent le camp ».

Dans ces conditions, et comme ce mémoire a été fidèlement analysé ci-dessus, aux pages 4, 5 et 6, on ne croit pas

utile de le reproduire *in extenso*. Il suffira de donner ci-après
les *certificats* prouvant chacun des faits qui y sont relatés, en
les faisant seulement précéder de deux ou trois courts pas-
sages du mémoire lui-même, choisis parmi ceux qui relèvent
quelques détails caractéristiques.

Extrait du Mémoire pour la campagne de 1641. — Le samedi
20 juin 1641, marche par une pluie extraordinaire, nous vinsmes
gagner le poste du bois de la Marphée qui est un grand chemin
entre deux taillis qui conduit droit à Sedan. L'armée ennemie étoit
sortie de Sedan pour s'en venir au devant de M. le mareschal
de Chatillon, et l'attendoit de pied ferme sur une hauteur où
l'on commença à se canonner. De là on en vint aux mains après
la prière faite et l'on donna. Bataille gaignée de notre costé.

M. le baron de Courcelle et M. de Rivau commandant l'artillerie. . . . .

Le 1er juillet 1641. M. le comte de Grancey est commandé en
Lorraine avec 10 000 hommes, où je fus avec un équipage d'artillerie que commandoit M. de Rivau. Neufchateau fut pris et
ensuite Mercœur, Épinal, Bar-sur-Mozelle et Dieuze. Jouvelle
prise d'assaut, la garnison se sauve au château qui se fait battre
six jours entiers de six pièces de 24, le 8 septembre capitule à
discrétion. Après que la garnison fut sortie le bâton blanc à la
main, l'armée qui étoit en bataille court dessus et taille tout en
pièces. Le marquis de Bourbonne fut cause de cette disgrâce,
par la raison qu'il avoit eu différend avec le gouverneur, qui seul
eut la vie sauve, et ensuite la ville fut démolie. Sept mineurs qui
étoient du costé de Sedan y furent emportés, pour n'avoir pas
eu assez de précautions. M. Du Hallier y vint commander con-
jointement avec M. de Grancey et Mr l'Évesque d'Auxerre y
étoit intendant. Un village qui tenoit pour les Bourguignons
fut battu de neuf pièces de canon et tous ceux qui étoient dedans
furent pendus à l'exception d'un chirurgien qui eut la vie sauve
pour avoir servi de bourreau, celuy de l'armée ne s'estant pu
trouver. De là nous fusmes assiéger le château de Chauviré
près de Langres, qui se fit battre de six pièces de 24 pendant
huit jours. Capitulation à discrétion. Le gouverneur fut pendu
à un petit arbre sur le bord du pont, le curé la vie sauve....

Démolition des châteaux de Ruy et de Cay-sur-Saône par Le
Pelletier.

M. de Rivault commandant l'artillerie. M. de Vauldy, controleur.

1645. Armée de M. le duc d'Anguien en Allemagne. — Grande bataille donnée aux Impériaux sur la montagne de Norlingue, 15 000 hommes d'infanterie du costé de M. le duc d'Anguien, défaite par le moïen d'un passage mal reconnu par M. d'Arnault. Les ennemis aïans cru d'avoir entièrement gaigné la bataille après un si grand avantage, coururent aux bagages, ce qui fut leur perte entière. Car M. de Turenne et les Hessiens tenans l'aisle gauche de l'armée donnèrent sur leur corps de bataille et arrière-garde, les défirent à plate couture, leur artillerie et canon et bagage perdus, ils furent poursuivis jusqu'à Donauert sur le Danube.

M. de Guiche prisonnier et quantité d'officiers. Dix-sept commissaires d'artillerie tués ou blessés et douze officiers subalternes. Saint-Martin lieutenant d'artillerie pris prisonnier. Trois cents chevaux me passèrent sur le ventre, je reçus une grande blessure à la jambe gauche. Il y eut 1 200 Impériaux de bruslés dans un village nommé Arlin.

1657. Siège de Mardick pour la troisième fois. Siège de Saint-Venant où M. de Turenne donna sa vaisselle d'argent pour en faire de la monnoye pour payer les troupes, et la cavallerie et officiers d'infanterie donnèrent leur vaisselle d'estain pour la convertir en balles.

M. de Saint-Martin, lieutenant d'artillerie, Loyauté, contrôleur.

---

16 novembre 1639. — Certificat délivré à Michel Le Pelletier pour la campagne de 1639 (sièges de Vervins, Mouzon et Ivoy et secours d'Hesdin), par M. de la Boissière, lieutenant, commandant l'artillerie à l'armée du maréchal de Chatillon. Donné à Châlons.

4 septembre 1640. — Certificat du comte d'Oradour, lieutenant général de l'artillerie de France, délivré pour le siège d'Arras à Michel Le Pelletier.

30 octobre 1640. — Certificat de M. de Massal, lieutenant commandant l'artillerie à l'armée du maréchal de Chatillon, délivré pour le siège d'Arras et daté du camp d'Asty.

6 décembre 1641. — Certificat de M. de Rivau commandant l'artillerie à l'armée de M. le comte de Grancey, délivré à Michel Le Pelletier pour les sièges de Mercœur, Épinal, Bar-sur-Moselle, Remiremont, Dieuze, Jonvelle. Fait à Châlons.

5 novembre 1642. — Certificat du baron de Courcelles, maréchal de camp, commandant l'artillerie à l'armée de Champagne, délivré à Michel Le Pelletier pour la bataille d'Honcourt. — Au camp de Marle.

27 juin 1643. — « *Louis de Bourbon, duc d'Anguien*, Pair de France, Lieutenant général pour le Roy en son armée de Flandres, certifie que Michel Pelletier sert Sa Majesté ainsi qu'il a fait depuis le commencement de la campagne. — Fait au camp devant Thionville. »

6 octobre 1645. — Certificat d'Antoine Tondu, chirurgien, qui atteste qu'il a pansé le sieur Le Pelletier, commissaire ordinaire d'artillerie, d'un coup d'arquebusade à la jambe gauche reçu à la bataille de Norlingue. Il dit qu'il l'a pansé pendant quarante jours sans qu'il soit guéri. — Daté de Philisbourg.

12 novembre 1649. — Certificat de François de Gaignières, Sr de Chamfort, lieutenant provincial d'artillerie au comté de Roussillon, commandant l'équipage d'icelle à l'armée du comte d'Harcourt en Picardie, délivré à Michel Le Pelletier pour les sièges de Cambray et de Condé en Hainaut. — Daté d'Abbeville.

15 février 1651. — Provisions de commissaire ordinaire de l'artillerie :

Armand de la Porte, marquis de la Meilleraye, conseiller du Roy en ses conseils, son lieutenant général en Bretagne, Gouverneur de la ville et chasteau de Nantes, *Grand Maître capitaine général de l'artillerie de France*, à tous ceux qui ces présentes lettres verront, *Salut*. — Suivant le pouvoir et l'auctorité que nous avons de Sa Majesté de pourvoir aux Estats et places de l'artillerie ceux que nous jugerons capables de les tenir et exercer. À ces causes à plain confiance de la personne de Michel le Pelletier, seigneur de Houville, de ses sens, suffisance, loyauté, prud'hommie, expérience, capacité et bonne diligence de l'artillerie, fidélité et affection du service du Roy, Iceluy avons retenu et retenons en l'estat, charge et place de Commissaire ordinaire en ladite artillerie pour en jouir et user doresnavant, la tenir et exercer aux honneurs, auctorités, prérogatives, privilèges, exemptions anciennes, gaiges, droitz, profits, émolumens, franchises, libertez, immunitez, prééminences, qui seront employées soubz son nom, tant dans les estats généraux ordinaires et extraordinaires de ladite artillerie qui sont chacune année signés de la main du Roy et de nous. Sy donnons en mandement A tous les officiers ordinaires et extraordinaires de ladite artillerie et à tous aultres qu'il appartiendra, qu'ils aient à laisser jouir, user plainement et paisiblement ledit Le Pelletier dudit estat et place de commissaire ordinaire de ladite Artillerie, par vertu des présentes et du serment en tel cas requis et accoutumé que nous avons pris et reçu de luy, ensemble des dits honneurs, auctoritez, prérogatives, privilèges, exemptions, immunitez et prééminences susdits, qui à cause de ce luy appartiendront, sans pouvoir luy faire aucun empeschement. *En tesmoin* de quoy nous avons signé ces présentes de notre main, faict mettre le scel de nos armes et contresigner à notre secrétaire. À Paris ce quinziesme jour de février mil six cens cinquante un.

> *Signé* : ARMAND DE LA PORTE DE LA MEILLERAYE.

Par Monseigneur :
COUTAREL.

Enregistré au contrôle général de l'artillerie de France par nous conseiller du Roy en ses conseils et contrôleur de ladite artillerie.

> CLAPISSON D'UTIN.

Provisions confirmatives délivrées par les Grands-Maîtres, successeurs de M. de la Meilleraye, savoir : *Le 1ᵉʳ juillet 1661* par *Armand-Charles Mazariny*, Duc de Mayenne, comte de Ferrette, Tannes et Belfort, baron d'Alkirt, lieutenant général pour le Roy en haute et basse Alsace, lieutenant général des armées du Roy. Pair Grand Maistre et Capitaine général de l'artillerie de France.... et *le 1ᵉʳ janvier 1670* par *Henry de Daillon du Lude*, chevalier des ordres du Roy, comte Du Lude, marquis de Bouillé, capitaine et gouverneur de Saint-Germain en Laye, Grand Maistre et Capitaine général de l'artillerie de France.

28 décembre 1652. — Donation mutuelle entre Michel Pelletier, escuyer, seigneur d'Ouville, commissaire ordinaire de l'artillerie de France, et Françoise Charlot, sa femme, demeurant tous deux à Paris, rue St-Jacques, paroisse St-Séverin. — Reçu Quarré et Ricordeau, notaires.

31 décembre 1652. — Certificat de François de Laval, seigneur de Lestancourt, lieutenant d'artillerie, la commandant à l'armée du maréchal de la Ferté, pour les sièges d'Étampes, de Vervins et la bataille du faubourg St-Antoine. — Daté de Soissons.

9 mai 1653. — Certificat de M. de Saint-Hilaire, lieutenant de l'artillerie de France, pour le siège de Bellegarde. — Daté de Paris.

1ᵉʳ décembre 1653. — Certificat de M. de Lestancourt pour les sièges de Mouzon et de Sainte-Menehout.

1ᵉʳ octobre 1655. — « *Le vicomte de Turenne, maréchal de France*, général de l'armée du Roy, gouverneur et lieutenant général pour Sa Majesté en sa province de Haut et Bas-Limousin, certifie que Michel Pelletier, commissaire ordinaire de l'artillerie, a bien et fidèlement servi pendant toute la campagne. — Fait au camp d'Angre. »

31 octobre 1655. — Certificat de François de Laval, seigneur de Lestancourt, pour les sièges de Landrecies, Condé et Saint-Guilain. — Daté de Guise.

6 octobre 1656. — Certificat du comte de Cossé, grand panetier de France, lieutenant général des armées et commandant l'artillerie en Flandres, pour les sièges de Valenciennes et de la Capelle.

31 octobre 1657. — Certificat de M. de Saint-Martin, lieutenant commandant l'artillerie à l'armée de M. de Turenne, pour les sièges de Mardick, Saint-Venant et la Motte aux Bois.

12 décembre 1658. — Certificat de François de Laval, seigneur de Lestancourt, lieutenant de l'artillerie, pour le siège de Dunkerque et la bataille des Dunes.

17 avril 1662. — Commission de garde général de l'artillerie :

Louis, par la grâce de Dieu, Roy de France et de Navarre. A nostre cher et bien amé Michel Le Pelletier, salut. — Le decedz naguères arrivé de feu nostre cher et bien amé François Bernard, sieur de Montebise, vivant Garde général des bastons artillerie et munitions de nostre royaume de çà et de là les montz, nous obligeant à pourvoir à l'exercice de ladicte charge, et ayant bien agréable la nomination et présentation qui nous a esté faicte de vostre personne par maistre Hierosme Bignon, nostre conseiller et advocat général en nostre cour de parlement, Me Thiery Bignon, aussy nostre conseiller en nostre dicte cour de parlement, Magdelaine Parfaict, veufve dudict feu sieur de Montebize, et Michel de Fours, mareschal de nos camps et armées, sur les bons

témoignages qui nous ont esté rendus de vostre capacité et
expérience au faict de l'Artillerie et munitions de guerre et de
vostre probité, fidélité et affection à nostre service. — A ces
causes et autres nous mouvans, vous avons, sur lesdictes nominations cy attachées, soubz le contre scel de nostre chancellerie,
commis, depputé et ordonné, commettons, depputons et ordonnons par ces présentes signées de nostre main, pour exercer
ledict office de nostre *Conseiller et Garde général de l'Artillerie, bastons et munitions de France, tant de çà que de là les monts,* aux honneurs, auctoritez, prérogatives, prééminences, franchises, libertez, gages, droictz, fruictz, proffictz, revenus et esmolumentz qui
y appartiennent, telz et semblables dont en a jouy ou deub jouir
ledict feu sieur de Montbize encore qu'ilz ne soient cy particulièrement exprimez, le tout jusques à ce qu'il ayt esté par nous
pourveu à ladicte charge et tant qu'il nous plaira. Sy donnons
en mandement à nostre très cher et bien âmé cousin le duc
de Mazarin, grand maistre de l'artillerie de ce royaume et tous
aultres nos officiers qu'il appartiendra de vous faire jouir de
ladicte charge et de vous faire reconnoistre et obéir en icelle de
tous ceux et ainsy qu'il appartiendra. — Car tel est nostre plaisir. Donné à Paris le dix-septième jour d'avril, l'an de grâce
mil six cens soixante deux, et de noste règne le dix neufiesme.

Signé : LOUIS.

Scellé de cire jaune.

Par le Roy :
Le Tellier.

10 juin 1662. — Provisions de la charge de garde général
de l'artillerie.

6 février 1666. — Commission imprimée sur parchemin,
avec lettre initiale ornée, par laquelle Michel le Pelletier,
conseiller du Roy, garde général de l'artillerie, bastons et
munitions de France, tant de çà que de là les monts, nomme
à l'emploi de garde de l'artillerie des ville et citadelle de
Blaye.

(Sceau de Michel le Pelletier.)

Commission donnée par le même à son fils Laurent-Michel pour exercer la charge de garde de l'artillerie à l'armée commandée par le Roi au siège de Saint-Sébastien, *8 juillet 1670.*

20 septembre 1667. — Certificat de M. de Saint-Hilaire, lieutenant de l'artillerie, la commandant à l'armée de M. de Turenne, au sieur Le Pelletier, garde général de l'artillerie de France, particulièrement pour les sièges de Douay, Tournay et Lisle.

1er juillet 1669. — Certificat du duc Mazarini, grand Maître de l'artillerie :

« Le grand Maistre et capitaine général de l'Artillerie de France :

Certiffions à tous qu'il appartiendra que Michel Pelletier a servy le Roy l'espace de *vingt-trois années,* en qualité de commissaire ordinaire et par commission de garde général de l'artillerie de France dans toutes les campagnes, sièges de villes, combats, rencontres et autres endroits où il a esté commandé et ordonné, tant par nous que par deffunt Monsieur le Mareschal de la Melleraie, nostre père. Et qu'il est pourveu de la charge de garde général depuis *sept ans* et qu'il l'a bien et fidellement exercée. — En tesmoing de quoy nous avons signé le présent. à iceluy faict mettre le cachet de nos armes et faict contresigner à notre secrétaire ordinaire. — A Paris le premier juillet mil six cens soixante neuf. »

LE DUC MAZARINY.

Par Monseigneur :
    PRIÉQUÉ.

19 décembre 1672. — *Le vicomte de Turenne, maréchal général des camps et armées du Roy,* certifie que Michel Pelletier, garde général de l'artillerie de France, a bien et fidèlement servi le roi en Hollande et en Allemagne. — Donné au camp de Flosbak.

9 août 1674. — *Le prince de Condé,* prince du sang, pair et grand maistre de France, etc., lieutenant général des armées du Roy, certifie que le sieur Pelletier, garde général de l'artillerie de France, sert actuellement le Roy en Flandres bataille de Sénef, siège d'Oudenarde). — Fait au camp de Piéton.

25 avril 1679. — Certificat du duc Du Lude, pair et grand maître de l'artillerie :

Le duc Du Lude Pair et grand Maistre de l'Artillerie de France :
Certifions au Roy et à tous autres qu'il appartiendra que le Sr Pelletier, garde général de l'artillerie de France, a bien et fidèlement servy Sa Majesté pendant la campagne de Hollande, aux sièges de Mastrick en l'année 1673, bataille de Sénef, et pendant toute la campagne 1674. En 1675, pendant les sièges de Condé, Bouchain, Aire et aux sièges de Valenciennes et Cambray. — En tesmoin de quoy nous avons signé le présent certificat, à icelluy, fait mettre et apposer le cachet de nos armes et contresigner par nostre secrétaire ordinaire. — A Paris, ce vingtcinquième jour d'avril mil six cens soixante dix neuf.

LE LUDE.

Controllé.
Camus des Touches.

Par Monseigneur :
Rousseau.

30 décembre 1689. — Inventaire après décès de Michel Le Pelletier, en présence de ses enfants : Laurent-Michel, alors commissaire provincial d'artillerie, et Catherine, mariée à Antoine Bourdaize, aussi commissaire provincial.

II

6 février 1666. — Ordre du duc Mazarini, de la Meilleraye
et de Mayenne, à *Laurent-Michel Le Pelletier*, commissaire
ordinaire de l'artillerie.

10 mai 1667. — Provisions de Commissaire ordinaire de
l'artillerie données à Laurent-Michel Le Pelletier par Armand-
Charles, duc de Mazarini, de la Meilleraye et de Mayenne,
Grand Maître de l'artillerie.

Provisions confirmatives délivrées par les grands maîtres
successeurs du duc Mazarini, savoir : le *8 novembre 1676,*
par Henri de Daillon, duc Du Lude, et le *24 janvier 1686,*
par le maréchal de Humières.

14 décembre 1681. — Certificat du duc Du Lude, pair et
grand maître de l'artillerie de France :

« Nous certiffions au Roy et à tous aultres qu'il appartiendra
que le Sr Pelletier, commissaire ordinaire de l'artillerie de
France, a bien et fidèlement servy Sa Majesté en cette qualité
depuis l'année 1670, et s'est trouvé aux sièges d'Orsoy, fort et
ville de Reez, fort de Sekenck, Emerick, Doësbourg, Knossem-
bourg, Nimègue, Crèvecœur et Bomel, au siège de Navagne, à
la bataille de Sénef, à la levée du siège d'Oudenarde, aux sièges

d'Huy. Limbourg. Condé. Bouchain, Aire et fort de Linck, à la
levée du siège de Maestrick, à celuy de Valenciennes, où il fut
blessé. à celuy des ville et citadelle de Cambray, à la bataille de
Saint-Denis. où il luy fut tué un cheval soubz luy. dans le pays
de Juliers, et depuis la paix, ès résidences de Valenciennes et
Mezières. — En tesmoing de quoy nous avons signé ces présentes de nostre main, à icelles fait mettre le cachet de nos
armes. et contresigner par nostre secrétaire ordinaire. — A
Paris le quatorzième jour de décembre mil six cens quatre
vingt un.

Le Duc Du LUDE.

Par Monseigneur :
   Rousseau.

3 janvier 1682. — Lettres de chevalier des ordres militaires
et hospitaliers de St-Lazare de Jérusalem et de Notre-Dame
du Mont-Carmel pour Laurent-Michel Le Pelletier :

François-Michel Le Tellier. marquis de Louvois et de Courtan-
vaux. conseiller du Roy en tous ses conseils, commandeur et
chancelier de ses ordres, secrétaire d'Estat et des commandements de Sa Majesté, Grand vicaire général de l'ordre de Nostre-
Dame du Mont-Carmel et de Saint-Lazare de Jérusalem, grand
Maistre des Courriers et Sur-Intendant Général des Postes,
Relais et chevaux de louage de France. A tous ceux qui ces
présentes Lettres verront : *SALUT.*
Sçavoir faisons qu'ayant cy-devant agréé l'humble prière qui
nous a esté faite par *Laurent-Michel le Pelletier,* commissaire ordinaire de l'artillerie de France, à ce qu'il nous plust le recevoir
chevalier dans ledit ordre de Nostre-Dame du Mont-Carmel et
de Saint-Lazare de Jérusalem, et ayant esté particulièrement
informé de sa bonne vie. mœurs. Religion catholique, Apostolique et Romaine. naissance légitime, service et extraction, tant
par l'enqueste qui en a esté faite par nos lettres de commission,
que par les autres preuves et titres qui ont esté mis ès mains
des commissaires par nous à ce députez, dont nous a esté fait
rapport. comme aussi des sens. suffisance, expériance, fidélité et
affection au service de Sa Majesté. *A ces causes,* Nous avons iceluy *sieur le Pelletier* fait. créé et reçu, faisons, créons et recevons
chevalier dudit ordre de Nostre-Dame du Mont-Carmel et de

Saint-Lazare de Jérusalem pour jouir par luy, des honneurs, dignitez, prééminences, franchises, libertez, droits et privilèges dont jouissent les chevaliers dudit ordre, tenir rang parmi eux, avec pouvoir de posséder commanderies et pensions sur toutes sortes de bénéfices, porter la Croix et le Collier dudit ordre, à condition d'en observer les Statuts, sans y contrevenir directement ny indirectement, se rendre auprès de nous toutes et quantes fois qu'il en sera requis pour le service du Roy, Notre Souverain Seigneur, ou pour le bien et utilité dudit ordre, et aussi à la charge de faire en nos mains le serment de fidélité et les vœux en tel cas requis et accoustumez et d'en faire insérer l'acte sur le reply des présentes au moins dans le terme d'un an du jour d'icelles, lesquelles autrement, ensemble sadite réception, nous entendons estre nulle et de nul effet. *Si donnons en mandement* à tous commandeurs, chevaliers, officiers, frères servans, et autres qu'il appartiendra de reconnoistre ledit sieur le Pelletier chevalier dudit ordre de Nostre-Dame du Mont-Carmel et de Saint-Lazare de Jérusalem, le recevoir en cette qualité dans toutes les assemblées publiques capitulaires qui se feront à l'avenir pour l'intérest dudit ordre, et le laisser jouir des privilèges dont jouissent les chevaliers d'iceluy : *Car telle est notre intention.* En tesmoin de quoy nous avons signé ces présentes de nostre main, icelles fait sceller du sceau dudit ordre et contresigner par le secrétaire d'iceluy. — Donné à Paris le troisième jour de janvier mil six cens quatre vingt deux.

De LOUVOIS.

Grand sceau de cire rouge.

Sur le reply mention de la prestation de serment et dispense des vœux.

10 juillet 1684. — Certificat du marquis de la Frezelière, lieutenant général de l'artillerie :

Le marquis de la Frezelière, lieutenant général de l'artillerie de France, maréchal de camp ez armées du Roy, gouverneur des ville et forts de Salins.

Certifions à tous ceux qu'il appartiendra que le Sr *Chevalier Le Pelletier*, commissaire ordinaire de ladite artillerie, a servi en cette qualité soubs nos ordres depuis le commencement de la campagne, mesme pendant le siège de Luxembourg, où il a été blessé légèrement, sans que cella l'ait empesché de servir avec beaucoup d'application et de valeur. En foy de quoi nous avons signé le présent certificat, et à icelluy fait apposer le cachet de nos armes pour luy servir et valoir en ce que de raison. — Fait à Luxembourg le dixième juillet mil six cent quatre vingt quatre.

La FREZELIÈRE.

6 may 1689. — Certificat de M. de Vigny, lieutenant de l'artillerie, capitaine général des Bombardiers, daté de Mayence.

29 novembre 1689. — Provisions de commissaire provincial de l'artillerie données au chevalier Pelletier par le maréchal de Humières, Grand Maître de l'artillerie.

23 avril 1690. — Commission de commissaire provincial au département de Montroyal, donnée par le maréchal duc de Humières, Grand Maître de l'artillerie.

5 novembre 1690. — Certificat de M. Du Montal, lieutenant général des armées du Roi pour la campagne de 1690 (bataille de Fleurus). — Daté de Montroyal.

15 mars 1693. — Certificat du sieur de Choisy, maréchal de camp ez armées de Sa Majesté, gouverneur de Sarre-Louis, à M. Le Pelletier, commissaire provincial de l'artillerie de France à la résidence de Montroyal :

« qui a commandé l'artillerie au siège de Rhinfeld, a très bien servy pendant ledit siège, où il a donné des marques de son expérience avec beaucoup de fermeté et de capacité et avec une application continuelle, jusques à la retraite où il a très bien fait son devoir. »

1er janvier 1695. — Commission de lieutenant de l'artillerie
au département de Montroyal, pour le chevalier Pelletier :

Louis-Auguste de Bourbon. par la grâce de Dieu Prince Souverain des Dombes. duc du Maine et d'Aumale. comte d'Eu. Pair
de France, Commandeur des ordres du Roy. Lieutenant général
des armées de Sa Majesté. Colonel général des Suisses et Gri-
sons, Gouverneur et Lieutenant général pour Sa Majesté dans
ses provinces de haut et bas Languedoc. Grand Maistre et Capitaine général de l'Artillerie de France. au *sieur chevalier Pelletier.*
commissaire provincial d'artillerie au Département de Mont-
royal, *salut.* Le Roy ayant attaché à nostre charge de Grand
Maistre de l'artillerie la dispensation des récompenses et des
grâces pour les distribuer aux officiers de ladite Artillerie. suivant le mérite de leurs services. Nous avons cru que les vostres
vous rendoient digne des premiers honneurs auxquels vous
estes parvenu par tous les degrés depuis 1669 que vous servez
dans le corps de l'artillerie. tant en qualité de commissaire
extraordinaire. ordinaire et provincial au département de Mont-
royal, pendant lequel temps vous vous estes trouvé dans
toutes les occasions où vous avez remply avec beaucoup d'honneur, de vaillance et de courage tous les employs qui vous ont
esté confiés. au siège de Valenciennes et de Luxembourg, où
vous avez esté blessé. et celuy de Reinfeld où vous eustes le
commandement de l'artillerie. — *A ces causes* et autres à ce nous
mouvans, nous vous avons commis. ordonné et député. commettons, ordonnons et députons par ces présentes. *nostre Lieutenant
de l'Artillerie* au Département de Montroyal et ses dépendances.
forts et châteaux de Trarbarck. Kirn et Ebernbourg et leurs
dépendances pour y commander l'Artillerie sous nos ordres.
et ceux du sieur Marquis de la Frezelière. nostre Lieutenant
général au Département d'Alsace. Allemagne. Lorraine et Franche-
Comté, avoir l'œil. inspection et autorité sur tout ce qui dépen-
dra du fait de ladite artillerie, dans l'estendue dudit Département de Montroyal et dépendances. soit pour le fait des fontes
de pièces de tout calibre et autres ouvrages de fonderie. mon-
tages. radoubs et équipages. que compositions. rafinemens
des poudres à canon et à mousquet qui sont à présent dans les
magazins. que de celles qui y seront apportées, avoir l'une des
trois clefs différentes où sont serrées les pièces et munitions
d'artillerie dans ladite ville de Montroyal et dépendances. et

généralement pourvoir en nostre absence. sous nos ordres et ceux dudit sieur Marquis de la Frezelière. nostre Lieutenant général. à toutes les choses qui surviendront concernant le fait de l'artillerie. *Ce faisant* vous jouirez des honneurs. commandemens. autoritez. prérogatives, prééminences. droicts. revenus. profits et émolumens. qui appartiennent à la charge de nostre Lieutenant d'artillerie, dont jouissent nos autres Lieutenans. dans tous les lieux et occasions où il n'y a point de commandant estably en vertu de nostre commission particulière. Ensemble des Estats et appointemens. gages. pentions tant ordinaires qu'extraordinaires, qui ont esté, sont et seront cy-après employéz sous vostre nom dans les Estats d'artillerie. qui seront par Nous faits et arrestez. franchises. libertez. privilèges et exemptions y attribuéz. *Mandons* à tous officiers de l'artillerie de vous recounoistre et obéir en ladite qualité de Notre Lieutenant. en tout ce que vous leur ordonnerez pour le service de Sa Majesté. Prions tous autres officiers qu'il appartiendra de vous en faire et laisser jouir. M. le Gouverneur de ladite ville de vous assister pour l'exercice de ladite charge. attendu que c'est chose qui regarde service de Sa Majesté et de vous faire donner logement. tel qu'il appartient à un officier de vostre caractère. *Mandons* au sieur marquis de la Frezelière. nostre Lieutenant général. de vous faire recounoistre en ladite qualité. En vertu des présentes que nous avons signées de nostre main, à Icellui fait apposer le sceau de nos armes et contre signer par le secrétaire général de l'artillerie de France.

Donné à Versailles le premier jour de janvier mil six cens quatre vingt quinze.

Louis-Auguste de BOURBON.

Par Monseigneur :
De Torpanne.

25 décembre 1697. — Ordre de Louis-Auguste de Bourbon, duc du Maine, Grand Maître de l'artillerie, au Sr Chevalier Pelletier, lieutenant de l'artillerie au département de Montroyal, pour l'exécution des conditions du traité de Ryswick.

31 décembre 1697. — Ordre du marquis de Barbezieux à M. Le Pelletier, lieutenant d'artillerie, relatif au même objet.

15 juin 1698. — Brevet d'armoiries délivré par d'Hozier. (Alsace, Montroyal. Registre 1er, n° 7.)

5 décembre 1702. — Certificat du maréchal de Villars.

Le mareschal de Villars, commandant les armées du Roy en Allemagne.

Certifions que le sieur Le Pelletier, lieutenant d'artillerie, l'a commandée sous nos ordres pendant la campagne et a servy tant à la bataille de Fridlingue, qu'à la prise du fort de l'Estoille et autres mouvemens, avec toute la vigilance et l'application possible. En foy de quoy nous luy avons donné ce présent certificat signé de nostre main et scellé du cachet de nos armes. — Fait au quartier de Saverne le 5 décembre 1702.

LE MARESCHAL DE VILLARS.

Par Monseigneur :
LE CHASSEUR.

20 novembre 1703. — Certificat du maréchal de Tallard.

Camille d'Hostun, comte de Tallard, mareschal de France, chevalier des ordres du Roy et lieutenant général de la province du Dauphiné, commandant l'armée de Sa Majesté sur le Rhin.

Certifions à tous à qui il appartiendra que M. Le Pelletier, lieutenant d'artillerie, a servy en cette qualité pendant cette campagne, qu'il a fait paroistre beaucoup de valeur et de capacité aux sièges de Brisack et de Landau, aussy bien qu'à la bataille de Spire où il commandoit l'artillerie. — En foy de quoy nous luy avons donné ce présent certificat pour luy servir et valoir ce que de raison.

Fait au camp sous Landau ce 20e novembre 1703.

LE MARESCHAL DE TALLARD.

Par Monseigneur :
CHAMBEN.

Campagne de 1703. — État des officiers d'artillerie servans dans l'équipage de l'artillerie de l'armée du Roy commandée par M. le mareschal de Tallard.

Lieutenant commandant.
  M. LE CHEV^r PELLETIER.

Lieutenant en second,
  M. DE MAISONCEL.

Commissaires provinciaux,
  MM. DE ROCHAMBAUT,
    DE POLIGNAC.

Commissaires ordinaires,
  MM. LE CAMUS LE CADET,
    LALIGAUDIÈRE,
    DUCLERC,
    SAINT-MARS.

Commissaires extraordinaires.
  MM. VORIS,
    BERGERON,
    CH^r NOUE,
    DE VESLIN.

Officiers pointeurs,
  COFFAIN.
  DE VANÉE FILS.

Aumosnier,
  LE PÈRE OFFRAY.

Chirurgien-Major,
  M. HOLLANDER.

Capitaine de charroy,
  LANGLIÈRE.

2 *conducteurs.*

2 *charpentiers.*

2 *forgerons.*

2 *charrons.*

Major,
M. LE CAMUS L'AISNÉ.

Commissaire Garde du Parc,
LIÉGUER.

5 mars 1704. — Provisions de chevalier de Saint-Louis.

28 septembre 1704. — Provisions de lieutenant général d'artillerie au département de haute et basse Bretagne :

Louis, par la grâce de Dieu roy de France et de Navarre, à tous ceux qui ces présentes lettres verront : salut. Par nostre édit du mois de May mil sept cens quatre, nous aurions pour les causes et considérations y contenues créé et érigé en titre d'office formé et héréditaire, un Lieutenant général de nostre Artillerie, dans le Département de la haute et basse Bretagne, aux mesmes honneurs et autoritez, prérogatives, privilèges, exemptions, gages, appointements et droits que les autres Lieutenans généraux créés par nostre Edit du mois d'aoust mil sept cens trois. Sçavoir faisons que pour la pleine et entière confiance que nous avons en la personne de nostre cher et bien amé *Laurent Michel Le Pelletier* et en ses sens, suffisance, probité, prudhommie, capacité et expériance au fait de la guerre et de l'artillerie, fidélité et affection à nostre service. Pour ces causes et autres à ce nous mouvans, mettant en considération les bons et recommandables services qu'il nous a cy-devant rendus depuis trente-six années, ayant esté fait commissaire en 1667 par le sieur Duc Mazarin et ayant depuis continué à nous servir avec honneur sans discontinuation jusqu'à présent, il commença dans les deux campagnes du fort de Saint-Sébastien, s'étans trouvé, en 1672, en Hollande au siège d'Orsoy, Reez, Emerick, Doesbourg, fort de Sckenck, de Kenottssembourg et de Nimègue; en 1673, au siège de Maestrick; en 1674, à la prise de Navagne, à la bataille de Senef et à la levée du siège d'Oudenarde; en 1675, aux sièges d'Huy, chasteau de Dinant et Limbourg; en 1676, à ceux de Condé, Bouchain, Aire et fort de Linck; en 1677, à ceux de Valancienne et de *Cambray* ville et citadelle *où il fut blessé*; en 1678, à ceux d'Ipres, de Gand et au combat de Saint-Denis, où il eut *son cheval tué sous luy*; en 1679 et 1680, à la résidence de Valencienne; en 1681, 1682, 1683, dans celle de Mézières, en 1684, au siège de *Luxembourg*, où *il fut blessé*; en 1685, 1686, 1687, aux résidences de Mézières, Calais et Arras; en 1688, à celle de Dinan et à la prise d'Huy, sous Monsieur le Mareschal d'Humières; en 1689, il fut envoyé à Mayence et de là à l'armée d'Allemagne où il servit en qualité de Major de Nostre Artillerie et se trouva aux prises de Kislock, Bruessal, Bretten, Dourlack et Gengenback; en 1690, il fut envoyé à l'armée d'Allemagne d'où on le tirast pour l'envoyer commender l'artillerie dans Montroyal, où il eut aussy l'inspection de ladite artillerie dans les places du fort Saint-Martin de Trèves, chasteau de Trarback, Kirn et Ebernbourg; en 1692, il eut encore le commandement au siège de Rhinfelt; en 1693, 1694, 1695, 1696, 1697, il continua les fonctions de son employ dans son Département, avec l'inspection de nostre dite artillerie dans les places d'Hombourg, Bitche et Saarelouis; en 1698, il fut chargé des évacuations de Montroyal, Trarbach, fort Saint-Sébastien, Kirn, Hombourg et Bitche; en 1699, 1700, 1701, il servit en qualité de commandant dans le Département de Verdun et de la Sarre : en 1702 et 1703, commanda le corps d'artillerie sur la Mozelle, sous les ordres des Sieurs de Villars et de Tallart et s'est trouvé aux sièges de *Brisach* et de *Landau* où il fut *blessé deux fois*, et a commandé nostre Artillerie aux batailles de Friedelingue et de Spire.

Et voulant luy donner des marques de nostre satisfaction et l'engager davantage à les continuer, en agréant et confirmant la nomination et présentation qui nous a esté faite de sa personne par nostre très cher et très amé fils le Duc de Maine. Grand Maistre et capitaine général de nostre artillerie, nous luy avons donné et octroyé, donnons et octroyons par ces présents, l'état et office de Lieutenant général de nostre Artillerie dans le Département de la haute et basse Bretagne, créé héréditaire par nostre Edit du mois de May 1704, et auquel n'a encor esté pourveu, pour iceluy avoir, tenir et doresnavant exercer, en jouir et user par ledit Le Pelletier aux mesmes honneurs, autoritez, prérogatives, prééminences, franchises, libertez, droitz, pouvoirs, fonctions, gages de quatre mil livres, ensemble de deux mil livres pour frais extraordinaires, dont sera fait fond par chacun an dans les états qui seront arrestés en nostre Conseil, et autres droitz, fruits, profits, revenus et émolumens y appartenans et de la mesme manière qu'en jouissent ou doivent jouir les autres Lieutenans généraux créés par nostre premier Edit du mois d'aoust 1703, commander à tous Lieutenans et Commissaires provinciaux et tous autres officiers qui y seront employés, connoistre les différends qui surviendront entre eux, les fera emprisonner, mettre en arrest ou interdire quand leurs fautes le mériteront, fera exécuter nos ordres pour la manière dont les Magazins des places dudit Département doivent être gardés et tenus, ordonnera sur la commission dudit Grand Maistre des dépenses, marchés et traittés à faire pour l'artillerie dans son Département et délivrera ses ordres pour le payement en la forme portée par nostre dit premier Edit du mois d'aoust 1703, et aux mesmes fonctions attribuez par iceluy au premier Lieutenant général et aux autres Lieutenans généraux, jouira en outre du droit de committimus en la grande chancellerie comme officier commensal de nostre maison, poura prendre la qualité d'escuyer, du droit de franc sallé, dont la quantité qui sera par nous ordonné luy sera délivré suivant l'état de répartition qui sera arresté par ledit Grand Maistre, à la charge de luy payer à toutes mutations, excepté pour la première fois, et dans les deux mois du jour des provisions du nouvel acquéreur pour ledit droit de survivance, moitié des gages d'une année attribuez audit office et au moyen des présentes celuy qui est pourvueu de la lieutenance géneralle des Costes Occidentalles ne pourra prétendre aucune indemnité, le tout suivant et ainsy qu'il est plus au long porté par nosdits Edits dont copie sont cy attachées sous le contre-scel de nostre chancellerie.

Si donnons en mandement à Nostre cher et bien amé fils le Duc du Maine, Grand Maistre et Capitaine général de nostre Artillerie, que luy estant apparu des bonnes vie, mœurs, aage, compétance, conversation, religion catholique, apostolique et romaine dudit Le Pelletier, et de luy pris et receu le serment en tel cas requis et accoutumé, il le reçoive, mette et institue de par nous en possession et jouissance dudit office, l'en faisant jouïr plainement et paisiblement, aux honneurs, autoritez, prérogatives, gages, frais extraordinaires, droits, pouvoirs, fonctions, priviléges et exemptions, conformément aux dits Edits et à luy obéir et entendre de tous ceux et ainsy qu'il appartiendra és choses concernant ledit office.

Mandons en outre aux trésoriers généraux de nostre artillerie qu'ils aient à payer ou faire payer par leurs commis audit Le Pelletier, les gages et frais extraordinaires audit office appartenant doresnavant par chacun an, de quartier en quartier à commencer au jour et datte de la quittance de finances payées pour ledit office, raportant laquelle et copie des présentes deument collationnées pour une fois seulement et sa quittance sur ce suffisante, nous voulons lesdits gages et frais extraordinaires estre passez et allouez et la dépense des comptes de nosdits trésoriers généraux ou de ceux qui en auront fait le payement par nos amez et féaux les gens de nos comptes à Paris, auxquels mandons ainsy de faire sans difficulté, *car tel est nostre plaisir.*

En témoin de quoy nous avons fait mettre nostre scel à ces dites présentes. Donné à Fontainebleau le vingt-huitième jour de septembre l'an de grâce mil sept cent quatre et de nostre reigne le soixante et deuxième.

Signé : LOUIS.

Sur le repli, par le Roy :
    GÉRARD.

Enregistré au contrôle général de l'artillerie à Paris le cinquième jour d'octobre mil sept cent quatre.

Signé : LE CAMUS DES TOUCHES.

30 mars 1706. — Commission de Louis-Auguste de
Bourbon, prince souverain des Dombes, duc du Maine, etc.,
Grand Maître de l'artillerie, au sieur Le Pelletier, lieutenant
général de l'artillerie au département de Bretagne, pour
commander en chef l'équipage de l'artillerie de l'armée des
côtes de Bretagne.

Commissions semblables des 12 avril 1708, 15 avril 1709,
15 avril 1710 et 1er avril 1711.

1680-1713. — Nombreuses lettres adressées au chevalier
Le Pelletier par le duc du Maine, Chamillart, Barbezieux, le
maréchal de Tallard, Le Peletier, directeur général des fortifications, l'électeur de Trèves, etc.

28 avril 1714. — Inhumation à Saint-Étienne-du-Mont,
devant la Sacristie, de messire Laurent-Michel Pelletier, écuyer,
chevalier de l'ordre militaire de Saint-Louis, lieutenant
général de l'artillerie de France, mort le jour précédent, âgé
d'environ 59 ans, pris Montagne Sainte-Geneviève, en présence
de Louis-Auguste Pelletier, et de Michel-Laurent le chevalier
Pelletier, ses fils.

III

25 octobre 1734. — Certificat de César de Saint-Périer, lieutenant général des armées du Roy et de l'artillerie, la commandant en chef à l'armée d'Italie :

Certiffions que le Sr Pelletier, l'aisné, chevalier de l'ordre militaire de Saint-Louis et commissaire provincial de ladite artillerie, employé sous nos ordres à laditte armée, y a très dignement servy dans les différentes occasions qui se sont présentées de faire connoistre son exactitude et son intelligence, ayant construit plusieurs batteries aux sièges de Gera et de Picighiton, ainsy qu'à celui du château de Milan, ensuite duquel nous l'avons détaché pendant tout le reste de l'hiver avec dix pièces de canon à la suitte de l'armée d'observation commandée par M. le comte de Broglio et cantonnée sur l'Oglio, où il s'est passé plusieurs occasions dans lesquelles il a fait très utilement servir cette artillerie; que pendant la présente campagne ledit Sr Pelletier s'est trouvé à l'attaque du château de Colorno, à la bataille de Parme, au passage de la Sechia par les ennemis qui lui ont pris son équipage, et à la bataille de Guastalla. — En foy de quoy nous luy avons accordé le présent, pour luy servir et valoir en ce que de raison. — Au camp de Bozzolo ce 25 octobre mil sept cent trente quatre.

De SAINT-PERIER.

27 avril 1743. — Certificat de M. de Vallière, Grand'Croix de l'ordre royal militaire de Saint-Louis, lieutenant général des armées du Roy et de l'artillerie :

Certiffions que M. le Pelletier, lieutenant d'artillerie, a servi en qualité de commissaire ordinaire l'espace de dix ans à l'École de la Fère avec toute l'application possible, qu'il a été commandant en troisième et en second à celle de Grenoble en 1730, où il a donné des preuves de son sçavoir et de sa capacité, et qu'il a fait les fonctions de commissaire du Parc en Allemagne pendant la campagne de 1735 avec beaucoup d'intelligence et d'exactitude. — A Metz le 27 avril 1743.

VALLIÈRE.

14 juillet 1744. — Lettre de Louis-Charles de Bourbon, comte d'Eu, Grand Maître de l'artillerie, témoignant à M. Le Pelletier (Louis-Auguste), lieutenant d'artillerie, sa satisfaction pour la façon dont il a commandé l'artillerie **au siège de la Kenoque.**

1er novembre 1744. — Lettre de M. d'Argenson, ministre de la guerre, informant M. Pelletier, lieutenant d'artillerie, au camp devant Fribourg, que le Roy lui a accordé le grade de brigadier.

1er janvier 1748. — Lettre de M. d'Argenson informant M. Pelletier, brigadier, que le Roi lui a accordé le grade de maréchal de camp.

10 février 1751. — Partage entre les enfants de feue dame Geneviève de Grésillemont, veuve de messire Laurent-Michel Le Pelletier, chevalier, et des ordres militaires de Saint-Louis et de Saint-Lazare, savoir : Louis-Auguste Le Pelletier, chevalier, seigneur de Liancourt, maréchal des camps et armées du Roy, commandant en chef l'École d'artillerie de la Fère ; Michel-Laurent Le Pelletier, aussi maréchal de camp, commandant en chef l'École d'artillerie de Metz ; Joseph-Félix

Le Pelletier, prêtre de l'Oratoire, et Marie-Geneviève, veuve de Joseph le Féron, chevalier, seigneur de Lhermitte, Breuil et Trosly, maître des Eaux et Forêts à Compiègne.

1er novembre 1760. — Lettre de service signée du Roi et contresignée du Maréchal de Belle-Isle à M. de Pelletier, pour être employé en sa charge de maréchal de camp à l'armée du Maréchal de Broglie, en Allemagne.

20 février 1761. — Pouvoirs de lieutenant général des armées du Roi pour Louis-Auguste Pelletier, maréchal de camp, inspecteur général du corps royal de l'artillerie :

Louis, par la grâce de Dieu Roy de France et de Navarre, à tous ceux qui ces présentes lettres verront : *salut*. Mettant en considération les bons et fidèles services que notre cher et bien amé le S. Louis-Auguste Pelletier Maréchal de camp en nos armées et Inspecteur général du corps royal de l'artillerie, nous a rendus tant dans lesdites charges qu'en divers autres emplois de guerre où il a donné des preuves distinguées de sa capacité et de son expérience au métier de la guerre, ainsy que de son courage, de sa valeur et d'une sage et prudente conduite, et désirant luy témoigner l'estime particulière que nous faisons de sa personne et le mettre en état de nous servir encore plus utilement par la suitte, en l'honnorant de la charge d'un de nos Lieutenants généraux en nos armées, *Savoir faisons* que pour ces causes et autres à ce nous mouvans nous avons ledit S. Louis-Auguste Pelletier fait, constitué, ordonné et étably, faisons, constituons, ordonnons et établissons par ces présentes signées de nostre main, l'un de nos Lieutenants généraux en nos armées, et ladite charge luy avons donnée et octroyée, donnons et octroyons, pour en cette qualité et en l'absence et sous l'autorité de nos lieutenants généraux qui commanderont en chef nos armées dans lesquelles il aura ordre de servir, commander les troupes dont nos armées seront composées, les faire agir partout où besoin sera, pour le bien et avantage de notre service et pour l'effet de nos intentions, repousser nos ennemis, les attaquer et assaillir, entrer en leur pays, assiéger et faire battre les villes, places et châteaux

qui refuseront de nous obéir, y donner assault, les prendre à
telle composition qu'il avisera, s'opposer aux entreprises qu'il
verra estre au préjudice de notre service, livrer batailles, rencontres et escarmouches et faire tous les autres actes et exploits de
guerre que besoin sera, faire faire les montres et reveues des-
dites troupes dont nos dittes armées seront composées, par les
commissaires ordinaires de nos guerres à ce départis, commander et ordonner à tous nos officiers du corps royal de l'artillerie, à ceux du génie, des vivres et autres estant en nos armées
ce qu'il verra estre nécessaire et à propos pour le bien de notre
service, faire vivre nos dits gens de guerre en bon ordre, police
et discipline suivant nos réglemens et ordonnances militaires,
ordonner des payements desdits gens de guerre et des dépenses
à faire en nosdites armées suivant nos États, et généralement
faire les choses susdites circonstances et dépendances, *et tout
ce que nous-même ferions et pourrions faire si nous y estions présens en
personne*, encore bien que le cas requist mandement plus spécial
qu'il n'est porté par ces présentes. Le tout comme dit est en
l'absence et sous l'autorité de nos Lieutenants généraux qui
commanderont en chef nos armées. *Mandons et ordonnons* à tous
maréchaux de camp, colonels, officiers du corps Royal de notre
artillerie, et ceux du génie, général des vivres, chefs et conducteurs de nos gens de guerre tant de cheval que de pied, françois
et étrangers et tous autres nos officiers et sujets qui serviront
en nos dites armées, de reconnoître ledit S. Pelletier et de
luy obéir et entendre en ladite qualité de l'un de nos Lieutenants généraux en nos armées, en toutes les choses qu'il leur
commandera pour notre service en l'absence et sous l'autorité
de nos Lieutenants généraux qui les commanderont en chef.
Tout ainsy qu'ils feroient à notre propre personne sans difficulté. — *Car tel est notre plaisir.* En témoin de quoy nous avons
fait mettre notre scel à ces dites présentes. Donné à Versailles le
vingtième jour du mois de février l'an de grâce mil sept cent
soixante un, et de notre règne le XLVIe.

LOUIS.

     Par le Roy :
   Le Duc de Choiseul.

26 novembre 1766. — Provisions de sous-lieutenant des
chasses de la capitainerie de Compiègne délivrées à Louis-

Auguste Le Pelletier, lieutenant général des armées du Roi par le duc de Laval faisant fonctions de gouverneur et capitaine des chasses.

Provisions semblables données précédemment par le duc de Humières, le *28 octobre 1724*, et le duc d'Aumont le 2 août 1748.

1730-1769. — Nombreuses lettres adressées à Louis-Auguste Le Pelletier par le comte d'Eu, les maréchaux de Maillebois, de Belle-Isle, de Broglie, de Senecterre, le comte de Verrue, le comte de Balleroy, lieutenant général et gouverneur de M. le duc d'Orléans, MM. de Malézieu, Du Brocard, d'Aboville, de Loyauté, généraux d'artillerie, etc.

30 avril 1769. — Dernières volontés de Louis-Auguste Le Pelletier, lieutenant général des armées du Roi, inspecteur général du corps de l'artillerie. — Il défend à ses enfants de troubler son fils Antoine Le Pelletier de Liancour dans la possession du legs qui lui a été fait par Antoine Bourdaize de Montéran. Le Pelletier de Liancour donnera à ses frères et sœurs vingt mille livres argent de France et non argent des Iles.

24 mai 1769. — Acte de décès de Louis-Auguste Le Pelletier. Paroisse de Saint-Sauveur (canton de Compiègne. Oise) :

« L'an mil sept cent soixante-neuf, le mercredi vingt-quatrième jour du mois de mai, a été inhumé par moi, curé soussigné, dans l'Église de cette paroisse, le corps de Messire Louis-Auguste Le Pelletier, chevalier, lieutenant général des armées du Roy, Inspecteur général du corps Royal de l'artillerie, et chevalier de l'ordre Royal et Militaire de Saint-Louis, décédé d'aujourd'hui à une heure du matin et inhumé le même jour à huit heures du soir pour cause de putréfaction, âgé d'environ soixante et treize ans, muni des sacrements, époux de Dame Marie-Jeanne-Françoise Maresse.

En présence de Messire Auguste-Louis-Michel Le Pelletier,

chevalier de l'ordre militaire de Saint-Louis et capitaine dans le corps royal de l'artillerie. son fils. de Messire Louis-François le chevalier Le Pelletier de Glatigny. chevalier, lieutenant au Régiment de Metz du corps royal de l'artillerie. son fils. de Messire Jean-François-Hyacinte Esmangart de Beauval, écuyer, lieutenant de la Vénerie du Roy. lieutenant de Capitainerie, et Major de la ville de Compiègne. chevalier de l'ordre royal et militaire de Saint-Louis, son beau-frère, de Messire Jean-Alexandre le Féron. chevalier. ancien capitaine de Dragons et chevalier de l'ordre militaire et royal de Saint-Louis. son neveu. »

3 et 7 septembre 1769. — Deux inventaires des meubles trouvés : 1º dans une maison située à Compiègne, rue du Paon, paroisse Saint-Jacques; 2º dans la maison du Soupizeau, paroisse de Saint-Sauveur de Geromesnil, èsquelles maisons faisoit résidence messire Louis-Auguste Le Pelletier, chevalier, seigneur de Liancourt, Lortille, Glatigny et autres lieux, lieutenant général des armées du Roi, décédé au Soupizeau le 24 mai 1769. Lesdits inventaires dressés à la requête de Marie-Jeanne-Françoise Maresse, sa veuve, et en présence de leurs six enfants ou de leurs représentants.

Dans cet inventaire se trouve portée une argenterie importante.

Parmi les habits on peut citer : un habit de gros de Naples gris de lin. garni de brandebourgs d'or, une veste de gros de Naples garnie d'un galon d'or. — prisé 200 livres.

Un habit et culotte de velours noir, une veste de drap d'or, — prisé 75 livres. Un habit de drap bleu à boutonnières d'or.

Un habit et sa veste de petit uniforme, un autre habit et la veste de grand uniforme de Lieutenant général des armées du Roi. — prisés ensemble 120 livres.

Une housse de selle et ses chaperons de velours vert garnis de galons d'or — 50 livres.

Un witz-choura doublé de fourrure.

Dans les remises se trouvaient les voitures suivantes :

Une voiture allemande à 4 places. peinte en bleu, dorée sur ses filets. garnie de velours d'Utrecht cramoisi. prisée avec les harnais — 500 livres.

Une autre voiture allemande garnie de velours vert. 160 livres.

Un cabriolet monté sur longues soupentes — 250 livres.

Une chaise de poste peinte en marron, dorée sur le corps, doublé de velours, avec 3 glaces et 2 lanternes de cuivre. L'avant-train garni de son siège de cocher et d'une housse de drap jaune à galon bleu. — le tout prisé 500 livres.

La bibliothèque contenait de nombreux volumes ayant trait à l'histoire et surtout à l'histoire de France, la plupart des bons auteurs du siècle de Louis XIV. beaucoup de classiques latins et d'ouvrages militaires et quelques livres sur la religion.

11 juin 1769. — Lettre du duc de Choiseul à Mme Le Pelletier, pour l'informer « que le Roy, voulant donner une nouvelle preuve de la justice qu'il a toujours rendue aux anciens services de son mari », a accordé à elle une pension de 3 000 livres sur les fonds de l'artillerie, et une autre de 2 000 livres sur les fonds du 4e denier, à répartir entre ses enfants.

1er avril 1779. — Brevet de la pension de 3 000 livres, signé du Roi et contresigné Gravier de Vergennes.

IV

1756. — Preuves de noblesse faites par Louis-François, chevalier Le Pelletier de Glatigny, pour entrer à l'École militaire.

1763-1816. — 7 brevets des grades conférés au chevalier Le Pelletier de Glatigny, depuis celui de lieutenant en second dans la brigade de Loyauté du corps de l'artillerie (*14 février 1763*), jusqu'à celui de maréchal de camp accordé le *22 mai 1816*.

15 avril 1782. — Mémoire, signé Darçon, sur les opérations du siège de Gibraltar au moyen de batteries flottantes, et notes sur la journée du 13 septembre 1782, où ce projet échoua.

9 janvier 1783. — Acte de naissance de Louis, fils de Louis-François Le Pelletier de Glatigny. Registres de la ville de Crépy (Oise).

« Le Jeudi neuf Janvier 1783 est né en légitime mariage et a été baptisé par Messire Louis Capitain. prêtre, chanoine de la cathédrale de Soissons. avec l'agrément et en présence de Messire Étienne Le Tellier. curé de cette paroisse, *Louis* fils de *Mes-*

sire Louis-François Le Pelletier de Glatigny, chevalier, capitaine commandant du corps royal d'Artillerie, et de Dame Geneviève-Catherine Levieux, son épouse, ses père et mère. Le parrain a été M. Louis-Pierre-Marie Levieux, Conseiller du Roy, Receveur particulier des Finances de l'Élection de Crépy-en-Valois, ayeul du côté maternel, et la marraine Dame Marie-Jeanne-Françoise Maresse, veuve de Messire Louis-Auguste Le Pelletier, chevalier, seigneur de Liancourt et autres lieux, Lieutenant général des armées du Roy, Inspecteur général du corps royal d'Artillerie, ayeule du côté paternel, laquelle suivant son consentement par écrit, daté du quatorze décembre dernier, signé Maresse Le Pelletier, et resté ès mains de M. le curé, a été représentée par Dame Louise-Luce-Rose Lonvilliers de Poincy, épouse de Messire Antoine Le Pelletier de Liancourt, chevalier de l'ordre Royal et militaire de Saint-Louis, Seigneur et Vicomte de Villers-Hellon, qui ont signé avec nous.

Ainsi signé : Levieux, Lonvillier Le Pelletier, Capitain, Ducrocq, Lefebvre et Le Tellier, curé de Saint-Denis.

(Extrait des registres de la paroisse de Saint-Denis de Crépy.)

1789. — Copie de la lettre adressée à Mgr le Garde des Sceaux par la majeure partie de l'Ordre de la Noblesse du Bailliage de Crépy-en-Valois, relativement à ses motifs de représentations, à opposer aux prétentions et réserves annoncées par M. le duc d'Orléans, sur la nomination du *vrai député* de l'Ordre aux États Généraux.

Monseigneur,

Quelle pourrait être l'espérance de la Nation sur des États Généraux tenus pour le rétablissement de l'ordre et de la justice, si, même avant qu'ils soient assemblés, des hommes puissans, secondés par ceux que des motifs personnels leur attachent, parvenaient à supplanter, dans l'Assemblée de la Nation, des hommes d'un rang inférieur, que le vœu presque général y aurait appelés, et si ces mêmes hommes puissans pouvaient abuser, pour réussir dans leurs projets, d'un piège dans lequel la franchise naturelle de la noblesse la fera toujours tomber.

C'est, Monseigneur, ce que l'on verrait arriver si M. le Duc d'Orléans se présentait aux États Généraux comme député de la Noblesse du Valois.

Il est à propos, Monseigneur, pour vous mettre au fait de la réclamation de tous les gentilshommes de cette province qui ont pu se réunir, de faire passer sous vos yeux quelques détails sur l'assemblée de leur Ordre.

Après avoir rempli les premières formalités prescrites par le règlement, l'Ordre de la Noblesse, composé de vingt-trois membres, a passé à la nomination de son député. A peine avait-on parlé d'y procéder que M. le Comte de Mazancourt a demandé à haute voix la nomination de M. le Duc d'Orléans, eu égard à ce qu'il était seigneur apanagiste du Valois, nomination qui flatterait beaucoup Son Altesse.

On lui a représenté que les intentions du Roi étaient que les suffrages fussent libres; en effet, ils ne devaient pas même être sollicités. M. de Mazancourt demanda que la nomination du prince fût au moins faite par acclamation, ce qui n'étant pas conforme au règlement, ne devait être qu'hommage au prince. Alors l'Ordre, disposé à faire ce qui pouvait être agréable à S. A. S. dans ce qui ne gènerait pas la liberté des individus votans, s'est prêté aux désirs du comte de Mazancourt, en proclamant le prince comme député; mais sans tirer à conséquence, quant à l'effet. On ne s'attendait plus à de nouvelles demandes, et l'on allait nommer le vrai député dans la forme prescrite, lorsque M. de Mazancourt, sentant que la nomination illégale de Son Altesse ne remplirait pas les vues de ce prince, a prié que l'on donnât à sa nomination la forme légale, sous le spécieux prétexte que la nomination étant contraire aux règlemens, elle était censée n'avoir pas eu lieu; mais comme l'assemblée voulait être maîtresse de son choix, cette demande fut rejetée. Alors M. de Mazancourt dit : « Messieurs, je suis chargé de la procuration de M. le Duc d'Orléans, et de son refus en cas de nomination; ainsi, *vous pouvez le nommer, sans que cela tire à conséquence* ». Alors, sur la parole de ce gentilhomme, on a fait une nomination par scrutin, comme il la désirait; mais pour la forme seulement; puis, regardant cette nomination du prince comme absolument nulle, par le refus du fondé de procuration, condition sans laquelle le prince n'eût pas été nommé, on a procédé à la nomination du vrai député: les voix s'étant trouvé partagées au scrutin également entre M. le marquis de Mazancourt et M. le chevalier le Pelletier, on a recommencé, et le plus grand nombre s'est réuni pour M. le chevalier le Pelletier. Ce gentilhomme, craignant que sa santé ne lui permit pas de suivre toutes les opérations des États Généraux, a prié l'Ordre de lui donner un suppléant. Le scrutin a élu M. le marquis de Mazancourt.

L'Ordre, tranquille de M. le comte de Mazancourt, n'a pas demandé qu'il fût pris acte sur le champ du refus qu'il avait notifié pour le prince; il eût regardé comme désobligeant, et pour le prince, et pour son chargé de procuration, de prendre plus de précaution et le procès-verbal a été signé, sans qu'aucun des gentilshommes se soit aperçu qu'on eut laissé au prince le moyen d'éluder le refus fait en son nom.

Tous les procès-verbaux finis, les trois Ordres se sont réunis, on y a fait lecture des nominations; le nom du prince n'y a pas été prononcé: les députés, le suppléant même, ont prêté un nouveau serment dans cette assemblée : *pas un mot de M. le duc d'Orléans*. Le procès-verbal de cette dernière assemblée ne fait aucune mention de son élection; preuve certaine qu'il n'était pas regardé comme député. Peut-être eût-il été à propos, dans cette assemblée de clôture, de faire lecture des procès-verbaux des trois Ordres. Cette lecture a été proposée, mais rejetée par le grand bailli et le secrétaire de l'Ordre. On n'a pas cherché à en pénétrer la raison; puis on s'est séparé.

Voilà, Monseigneur, un exposé fidèle de ce qui s'est passé à Crépy, relativement à l'élection du député.

Quelle a été la surprise de quelques-uns de ces membres, lorsqu'ayant occasion de voir le procès-verbal tel qu'il a été laissé au greffe, ils y ont lu en marge, à l'endroit où il est question de M. le duc d'Orléans, le mot absent, sans qu'il fût question du refus du prince. Ce mot ne semblait d'abord présenter rien d'essentiel; mais il formait en effet une erreur importante, en dénaturant le sens, et en rendant au prince, pour le présenter aux États Généraux comme député de la Noblesse du Valois, un droit qu'il avait perdu par son refus, et qui ne faisait plus de M. le chevalier le Pelletier qu'un suppléant. Mais à quoi peut servir ce mot ajouté en marge? ne faudrait-il pas, pour qu'il eût quelque valeur, puisqu'il aide à faire un changement essentiel, qu'il fût approuvé par l'Ordre? Il l'a été, nous dira-t-on; mais de qui? Du grand bailli, qui, de tout temps, fut attaché au prince, et demeure dans son palais, et du secrétaire, dont le père a joui de la confiance d'un des princes de cette maison, qui tous deux ont mis les lettres initiales de leurs noms : appellera-t-on cela le consentement de tout l'Ordre?

Instruit des changements faits sur son procès-verbal, qui n'a point été rédigé selon ses vues. et de l'intention où l'on est de s'en faire un titre. l'Ordre de la noblesse. fidèle à la justice autant qu'aux lois. a voulu donner à M. le chevalier le Pelletier toute l'assurance qu'il devait avoir dans la qualité de seul député de son Ordre. En conséquence, suivant le règlement du Roi. qui enjoint de soumettre au grand bailli toutes les difficultés qui pourraient survenir dans les assemblées pour les nominations des députés. il a présenté à M. de Saint-Elix. grand bailli du Valois. sa réclamation. et M. le grand bailli, au grand étonnement de l'Ordre. a répondu, au lieu de juger la question. que M. le duc d'Orléans s'en tenait à la copie qu'il avait du procès-verbal, et qu'il se croyait maître encore d'accepter ou de refuser. On n'avait pas demandé à M. le baron de Saint-Elix ce que pensait M. le duc d'Orléans. on en était sûr. On était certain que le prince voulait tirer avantage de la confiance trop aveugle de notre Ordre. La réclamation de la noblesse adressée au grand bailli a été signée par tous les Nobles qui se sont trouvés à portée: et plusieurs autres gentilshommes qui se trouvaient trop éloignés pour y apposer leur nom. y ont adhéré par des lettres ou des certificats que l'on peut produire.

Il ne manque donc rien. Monseigneur. à cette réclamation. pour que vous ayez la bonté de l'accueillir : l'Ordre de la noblesse de ce bailliage se flatte que vous voudrez bien ordonner que. sans avoir égard aux termes employés sans son aveu dans son procès-verbal. M. le chevalier le Pelletier sera regardé comme seul député de son Ordre. attendu le refus de M. le duc d'Orléans.

Nous sommes avec respect, Monseigneur, vos très humbles, etc.

Signé :

DE MAINTENANT, DE PÉHU, chevalier; L'HUILLIER DE LA
CHAPELLE, BILLEHEUST DE SAINT-GEORGE, LE COMTE DE
BOURSONNE, DU BOULET DESBROSSES DE SERY, DU
BOULET DE TÉRAMINI, BENOIST D'ESMARE, BRETAUT.

Les noms de MM. de Néret et de Saint-Julien, qui sont sur la réclamation adressée à M. le grand Bailli, se trouveraient aussi au bas de ce Mémoire si ces Messieurs n'étaient actuellement absens.

On peut aussi produire des lettres et certificats de Messieurs le Marquis de Nicolaï et le comte de Janson, qui confirment l'exposé des faits ci-dessus énoncés.

Copie d'une lettre remise le 8 mai à celui de Messieurs de l'Ordre de la noblesse qui présidait la commission établie pour la vérification des pouvoirs des députés, par M. le chevalier le Pelletier de Glatigny, capitaine commandant au corps royal de l'artillerie.

A cette lettre étaient jointes les pièces justificatives qui annoncent que la majeure partie de la noblesse du bailliage de Crépy-en-Valois regarde M. le chevalier le Pelletier comme devant être son représentant aux États Généraux.

Monsieur,

C'est avec le plus grand regret que je me vois forcé, par le caractère dont on m'a revêtu, de faire valoir contre un Prince auguste et cher à la nation le droit de représenter aux États Généraux la noblesse du bailliage de Crépy en Valois.

Une omission qui s'est glissée dans la rédaction du procès-verbal a persuadé à M. le Duc d'Orléans qu'il avoit été élu librement et sans condition par la noblesse de Crépy, et quelques membres de l'Ordre ont pu donner lieu à S. A. S. de penser ainsi.

Interprète du vœu de la grande majorité de l'assemblée, je suis chargé d'annoncer à vous, Monsieur, et à la noblesse du Royaume dont vous présidez les représentants, que la nomination de M. le duc d'Orléans n'est pas aussi régulière que S. A. S. paroît le croire, et que la plupart des électeurs étoient, en le nommant, dans la ferme persuasion qu'ils auroient à procéder à l'élection du véritable député de l'Ordre, après l'hommage public et solennel rendu au prince.

Que c'est dans cette confiance que j'ai été nommé, qu'il m'a été ensuite donné un suppléant, M. le marquis de Mazencour, confiance qui a été confirmée par l'énonciation des pouvoirs, la clôture du procès-verbal, celui de la prestation de serment, où on ne retrouve plus aucune indication, ni aucunes traces de la nomination de S. A. S.

Les pièces justificatives que je joins ici forment les preuves de tout ce que j'avance, je les soumets à des juges qu'il m'est si honorable d'avoir et dont j'attends avec respect la décision.

Le devoir que ma position me prescrit de me conformer aux intentions de la majeure partie de mon Ordre, et de lui prouver que je n'ai rien négligé pour lui procurer la satisfaction qu'elle se croit en droit d'espérer sur l'irrégularité de son procès-verbal. mon honneur même exige encore que je demande qu'il me soit accordé acte que je me suis présenté aux États Généraux, ou qu'il en soit fait une mention particulière sur le procès-verbal de l'Assemblée de la nation.

Je suis avec respect. Monsieur. votre, etc.

Signé : Le chevalier LE PELLETIER DE GLATIGNY.

———

Copie d'une des pièces de production qui accompagnoit cette lettre.

Nous déclarons que ce n'a été que dans l'assurance qu'a donné publiquement M. le comte de Mazencour. chargé des pouvoirs de Monseigneur le duc d'Orléans. du refus. non point présumé mais certain de son Altesse. qu'on a procédé à un scrutin purement de forme pour nommer Monseigneur le duc d'Orléans, à qui chacun de nous s'est empressé de payer le tribut d'hommage ; et que cette dette de respect une fois acquittée. il a été proposé de procéder à la nomination du *vrai* député. ce qui a été fait en la personne de M. le chevalier le Pelletier, et de M. le Marquis de Mazencour, comme son suppléant ;

Signés : *Maintenant. de Péhu. L'Huillier de la Chapelle, Benoist d'Es-mars, Du Boulet des Brosses de Sery, Bretant, Desmars de Rosoy, Du Boulet de Téraminy, Billeheust de Saint-George*, témoin non votant parce qu'il était arrivé après le serment de la première assem-blée. *M. le Marquis de Nicolay.* MM. les comtes *de Janson* et *de Boursonne.* ont. par des lettres ou attestations particulières, con-firmé le même fait: ainsi que MM. *Neret* et *Saint-Julien*, qui ont aussi signé la réclamation adressée à M. le Grand-Bailly, fondée sur la même base. Ainsi de 22 membres dont l'Ordre de la noblesse de ce bailliage était composé, en voici 14. sans com-prendre M. le chevalier le Pelletier. qui ont signé qu'ils le regardoient comme leur véritable député aux États Généraux.

M. le chevalier Le Pelletier a adressé, à M. le duc d'Orléans, copie de la lettre ci-dessus et des titres qui y étoient joints avant de les présenter à M. le Président.

———

Copie de la protestation qui n'a pu être signifiée, avant la décision de la chambre de la noblesse, aux États Généraux, sur l'objet qui y donne lieu.

Les retards occasionnés pour les signatures, par l'éloignement de plusieurs membres de la noblesse du bailliage de Crépy, ont empêché la présentation de cette pièce, dans le moment le plus convenable.

Le respect des soussignés pour la Chambre des Députés de la noblesse leur interdit, depuis le jugement qu'elle a porté, de la leur adresser formellement; mais ils ont jugé devoir consigner dans cet acte déposé chez
la ferme et intime persuasion où ils ont toujours été que la nomination de Monseigneur le duc d'Orléans ne satisfaisoit pas entièrement aux dispositions et à l'esprit du règlement, et que M. le chevalier Le Pelletier de Glatigny étoit le député nommé d'intention et de fait.

Les soussignés qui, par un principe de justice, ont réclamé le titre et les fonctions de député de la noblesse du bailliage de Crépy aux États Généraux, en faveur de M. Le Pelletier, seul député qu'ils doivent reconnoître, non seulement par la raison que la nomination de Monseigneur le duc d'Orléans leur a été surprise, mais encore à cause du refus public fait, au nom de S. A. S., par son fondé de procuration, ont cru devoir, par une suite du même principe, sans vouloir cependant porter aucun retard, et encore moins préjudicier aux opérations générales de l'assemblée de la nation et quelque soit leur respect pour le Prince, quelque confiance qu'ils ayent dans ses lumières et ses intentions patriotiques, protester contre tout ce qu'il dira ou fera en leur nom aux États Généraux, déclarant que M. le chevalier Le Pelletier est le seul qu'ils ayent chargé de leurs pouvoirs.

Je déclare, comme ayant été témoin de ce qui a donné lieu à cette protestation, que je la trouve fondée et de ce requis j'ai signé.

DE BILLEHEUST DE SAINT-GEORGE, DUBOULET DES BROSSES DE
    SERY, DUBOULET DE TÉRAMINI, LE COMTE DE BOUR-
    SONNE, BRETEAUT, DE PÉHU (Chevalier), L'HUILLIER
    DE LA CHAPELLE, LE COMTE DE JANSON, NEBET, DES-
    MARS DE ROZOY, DE MAINTENANT, BENOIT DESMARS,
    DE SAINT-JULIEN.

L'interprétation donnée à quelques expressions respectueuses de la lettre par laquelle j'avois l'honneur de rendre compte de ma nomination à Monseigneur le duc d'Orléans, a pu faire croire que je ne me considérois que comme suppléant. Cependant le sens de cette même lettre annonçoit assez que je me regardois comme le député de l'Ordre; et pour le confirmer encore, je ne puis qu'adopter les motifs de la Protestation ci-dessus, en ce qu'ils sont conséquents à mon élection et à la manière dont je l'ai toujours envisagée.

Signé : Le chevalier LE PELLETIER DE GLATIGNY.

14 mars 1789. — Extrait du procès-verbal du ci-devant bailliage de Crépy, duquel il résulte que M. Le Pelletier de Glatigny a été élu député-suppléant de l'Ordre de la noblesse aux États-Généraux. Collationné par le garde des Archives le 28 ventôse an VIII.

10 septembre 1789. — Extrait du procès-verbal de l'Assemblée nationale. Lecture d'une lettre de M. Le Pelletier de Glatigny député-suppléant de Crépy-en-Valois, par laquelle il offre le prêt gratuit d'une somme de 10 000 livres.

FIN

TABLE DES MATIÈRES

I

MICHEL LE PELLETIER

Garde général de l'Artillerie (1611-1689).

II

LAURENT-MICHEL LE PELLETIER

Lieutenant général d'artillerie (1655-1711).

III

LOUIS-AUGUSTE LE PELLETIER

SON ENFANCE, SON ENTRÉE AU SERVICE

IV

L'ÉCOLE D'ARTILLERIE DE LA FÈRE EN 1720.

V

GUERRE DE LA SUCCESSION DE POLOGNE

Campagne de 1733 en Italie.

IX

CAMPAGNE D'HIVER EN 1744 ET CAMPAGNE DE 1746.

X

COMMANDEMENT D'ÉCOLES

SUPPRESSION DE LA CHARGE DE GRAND MAITRE DE L'ARTILLERIE

XI

GUERRE DE SEPT ANS

INSPECTIONS GÉNÉRALES

XII

NOTE SUR MICHEL-LAURENT, LE CHEVALIER LE PELLETIER

APPENDICE

Coulommiers. — Imp. PAUL BRODARD. — 556-95.

www.ingramcontent.com/pod-product-compliance
Lightning Source LLC
LaVergne TN
LVHW010957180726
843502LV00004B/1234